個人を尊重しつつ、「つながり」を育むいとなみへ

保育的発達論のはじまり

川田学
Kawata Manabu

ひとなる書房

もくじ

＊各章の注はすべて巻末にまとめています。

序章　「個人」を尊重しつつ、「個人」をこえるいとなみへ

1　「発達と保育」か「保育と発達」か

ある保育者がこんな疑問を述べています。

「保育に「発達が大切だ」というのは間違いないけど、現状は何か違う……。私たちが大事に思う『発達』って、どういうものなんだろう？　『発達』って個の話？　『仲間』がいるのが前提だと思うんだけど。どうしていつも『発達と保育』で、『保育と発達』じゃないの？[1]」

この疑問には三つの問題意識がふくまれていると思います。

第一に、「現状は何か違う」という部分です。おそらく、保育のなかで子ども（たち）の育ちに手ごたえを感じる瞬間と、一般にいわれる「発達」というものの見方がかみあわないということだろうと思います。

第二に、「『発達』って個の話？」の部分では、「『仲間』がいるのが前提だと思うんだけど」と述べています。つまり、人間が変わり・育っていくプロセスを、「個人の問題」に落としこんでしまうのは変じゃないかということです。

第三に、「どうしていつも『発達と保育』で、『保育と発達』じゃないの？」の部分です。「発達」が先で、「保育」があとに置かれるという関係に、疑問を投げかけているのです。

この三つの問題意識は、それぞれ個別に検討することもできますが、すべてかさなりあっているように思います。なかでも、「発達と保育」か「保育と発達」かという問いが、ほかの二つを包みこむ基本的な論点になっていると考えられます。

私はこの三番目の問いかけに接したとき、文字どおり「ハッ」としました。それまで、きちんと考えたことのない問題だったからです。一般的にいって、日本語ではより先に表記されるほうを重視する傾向があると思います。「男女」という言い方も、男性優位の時代に熟語化されたものでしょう。「発達」と「保育」の場合、そう単純ではないでしょうけれど、やはり私たちのなかに「発達が先で、保育があと」という意識が、もっと具体的には「発達を知らなければ、保育はできない」という認知枠組みが存在しているものと思います。

私は発達心理学者であり、子どもを発達的に理解するということが重要だと信じて研究をつづけてきました。その思いはいまも変わりません。ただ、先の保育者の問いを深めることに価値があると思いました。以下では、発達を考える前に、保育とは何かということから先に考えてみたいと思います。

2 「保育」ということば

(1) ひろい意味とせまい意味

まずは、「保育」ということばにこめられた意味をさぐっていくために、辞書をめくってみたいと思います。二〇一五年発行の『保育用語辞典』では、「保育」は以下のように説明されています。

「保育という用語は、広義には保育所・幼稚園の乳幼児を対象とする〝集団施設保育〟と、家庭の乳幼児を対象とする〝家庭保育〟の両方を含む概念として用いられているが、しかし、一般には狭義に保育所・幼稚園における教育を意味する用語として使用されている。このことばの由来は定かではないが、幼児教育の対象となる幼児が幼弱であるために、保護し、いたわりながら教育することの必要性が考慮されていたものと思われる[2]」

ひろい意味では、家庭の子育てまでふくむことばだということが分かります。さらには、「小学生を対象とする『学童保育』というものがある。また児童福祉施設全般の高齢児の処遇についても『保育』を用いているものも見受けられ[3]」るということです。つまり、「保育」がふくむ実践範囲を最大限とると、0歳から

18歳未満までふくまれることになります（図1）。

一方で、二〇一五年から施行されたいわゆる「子ども・子育て支援新制度」で新設された幼保連携型認定こども園においては、「保育」は保育所機能における〝一時預かり〟の意味にまでせばめられ、3歳以上の幼稚園機能は「教育（学校教育）」として区分されたという状況もあります[4]。

いずれにしても、「保育」とは一般にイメージされているよりもひろい範囲の実践や年齢を包みこむことばであることはたしかでしょう。学術的研究や制度設計においては、定義はなるべくせまくして、対象を限定したほうがやりやすいものです。しかし、150年近い歴史のなかで、人びとが「保育」ということばにこめた意味内容は、想像以上に豊かで複雑なものであるといえそうです。

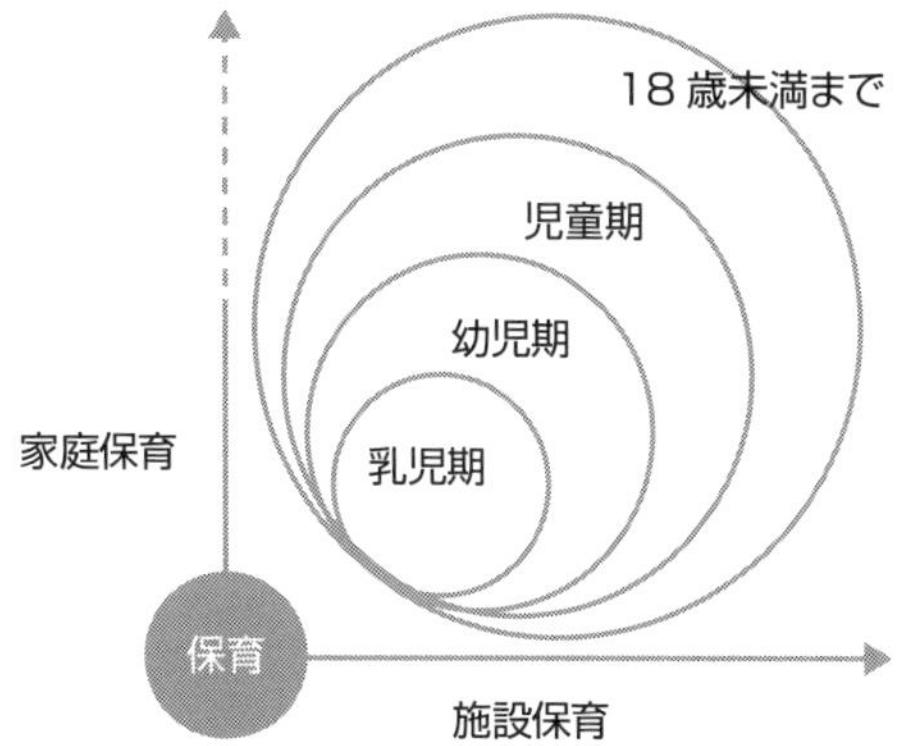

図1 「保育」の対象範囲

（2）「家庭教育」との関連

次に、「家庭」と「保育」との関係について考えます。無藤隆さんは、『幼児教育の原則』という本の冒頭で、次のように述べています。

「現在、幼児教育というものが家庭教育とのつながりでも考えられています。そこでは、幼児教育と呼ばれるものが家庭教育との連携も含みますので、そう定義すると幼児教育というのは幼稚園・保育所でやっていることよりずっと広くなります。そこまで入れると話がややこしいので、それは取らずに、幼稚園・保育所という枠の中でということにしたいと思います。つまり家庭でやっているようなこととか、子育て支援で何かの広場でやっているようなこととかはとりあえず幼児教育とは呼ばないということです。これは単なる操作的な定義ではなくて、やっている中身の理解にだいぶ差を生むのではないかと思います」[5]

近年、子ども虐待が深刻に受けとめられるようになったことなども背景に、「家庭教育」の責任を重視する傾向が強まっています。こうした「家庭教育振興」の動きは、戦前からくり返し波のようにあらわれてきましたが、[6] それは「保育」の誕生とも密接にかかわっているのです。後にあらためて取り上げるように、「保育」ということばは日本で幼稚園を制度化する過程で生まれました。明治九年に最初の幼稚園（官立幼稚園）ができたあと、全国各地に幼稚園が普及するには少し時間がかかりましたが、明治二〇（一八八七）年に67園、明治三〇（一八九七）年に222園、明治四五（一九一二）年に583園、そして「幼稚園令」が発布された大正一五（一九二六）年には1千園をこえ、確実に増えていきました。[7]

幼稚園がひろがっていくのと並行して、日本社会に新たにあらわれてきたのが「都市新中間層」と呼ばれる家族のかたちです。両親と少数の子どもからなる世帯であり、母親は専業主婦、子どもの教育に熱心な「教育家族」という特徴をもっていました。現代にもつながってくる、いわゆる近代家族・核家族の誕生です。当初幼稚園は、この階層における子どもの教育の〝模範〟として期待された面があって、家庭こそが理想の教育の場であり、家庭教育が充実したならば幼稚園は不要との考え方もありました。しかし、幼稚園関係者は、実践の積みかさねのなかで、家庭教育とは別の役割をもつ集団での保育、あそびの効果を確信していくようになります。そこに、家庭教育とは異なる幼稚園（保育）独自の役割と専門性についての認識の萌芽が認められます。[8]『幼児教育の原則』を整理するにあたって、先の引用のように無藤さんがまず「家庭教育」や「子育て支援」との区別をしておこうとするのは、幼稚園の成立と普及の歴史をふまえたときに一定の妥当性をもっていると思われます。

一方、日本での保育所のルーツとしては、「簡易幼稚園」[9]や「子守学校」[10]など、いずれも生活状況の貧しい子どもたちのための保育の場として模索されたものがありますが、かならずしもひろく普及したとはいえないようです。[11]ほかにも、工場に付設された託児所や農村の託児所などもできていきますが、いずれも制度的な裏づけの弱い市井の努力でした。

宍戸健夫さんによれば、「日本における保育園（保育所、託児所）の設立宣言」ともいえるものは、一九〇〇（明治三三）年に野口幽香《ゆか》と森島峰《みね》という若い二人の女性が立ち上げた「二葉幼稚園」（後に二葉保育園）の設立趣意書にみることができます。二葉幼稚園は、「貧民幼稚園」と呼ばれ、幼いころから路上で暑さ寒さに耐え、ほこりにまみれ、家に帰っても安らげる環境にない子どもたちにこそ、幼稚園（保育の場）が必要であり、それは教育者の責務であると野口らは考えたのです。設立趣意書は、次のようなことばで閉じられています。

「……既に世の教育家慈善家の賛助を得て、今年一月十日此の目的をもて貧民幼稚園を開き、名づけて二葉幼稚園といふ、二葉をして生育せしめ、愈々《いよいよ》茂り益々栄えしめ、幾多の貧児が此の蔭に世の風雨を避けて、安らかに生ひたつを得しむるは、世の慈善家の助力に依らざるを得ず、依りて此の主意を述べ、切に世の賛助を仰ぐ」[12]

明治維新後の社会の近代化のなかで、都市新中間層があらわれ、幼稚園という場を求めたように、自ら生活を改善することの困難な都市下層に置かれた親子には、保育所という場が必要でした。子どもと家族の現実を自分ごとと受けとめた人びとが、各方面への助成を求めて、保育所の端緒をきりひらいてくれました。

村山祐一さんは、「保育」という語の成り立ちを「育児」という語と対比させながら、「育児は家庭で育てるという意味が強く、保育は社会で大人が子どもを守り、保護するという意味合いが強いということが読み取れ」るとしています。[13] 幼稚園と保育所の成立過程は、たしかにその対象が豊かな階層と貧しい階層というふうに分かれている面がありましたが、いずれもが時代の変化のなかであらわれてきた新しい家族の生活課題と、子どもたちの「育ち」へのニーズを反映しているのだと考えられます。その意味で、たしかに「保育」は家庭での子育てとかかわりながらも、独自の社会的役割をせおって発展してきたといえるでしょう。

（3）社会をつくる「保育」

●人間らしい暮らしをつくるために

一九一八（大正七）年、富山県に端を発し、全国にいわゆる「米騒動」がひろがります。それ以前から、日本社会の工業化がすすむなかで農村から都市に人口が流入し、都市部の住環境や労働環境が悪化していましたが、そこに米価の高騰や買い占めという問題が生じ、人びとは不安と苦境に立たされ暴動に至ったのです。この米騒動のひろがりが、公立の保育所を普及させていくきっかけになったことはよく知られています。

保育所（託児所）を所管していたのは当時の内務省でしたが、米騒動に象徴される民衆の社会不安や政府・富裕層への不満を和らげるために、それまで感化救済事業として民間に助成して任せていたものを、公的事業としても対策をとる必要に迫られたのです。公立保育所は、一九一九（大正八）年に近畿地方で5か所開設されたのがはじまりとされています。[14]

こうした経緯に触れて、宍戸健夫さんは「その背景には、貧困をはじめとする社会問題を個人的な篤志家の支援で解決するのではなく、社会全体の協同的な力で解決していこうとする『社会連帯思想』が生まれてきていることを見逃すことはできない」と述べています。[15] 保育は、社会発展のなかで生じたさまざまな親子の生活課題に向きあい、その矛盾を引き受けながら、社会の責任として幼い生命を守り育む実践と思想をきたえてきたといえます。

昭和期に入ると、戦時体制になっていく過程で戦時託児所や季節保育所（農繁期託児所）などの増設がある一方で、保育を民衆からの社会改革の一環とする「保育運動」も生まれてきます。松本園子さんは次のように「保育運動」を定義しています。

「明治期以来、さまざまな保育施設が誕生し、ひろがっていった。そのなかで保育のあり方を決めるのは、もっぱら提供する側――国や地方団体、保育施設の創立者・経営者――であり、保育者や父母がそれに参与することは少なかった。これに対して、保育者や父母、その他の市民が互いに手を結び、日々保育をおこなう立場から、あるいはわが子を預ける立場から、国や地方団体などに、保育に関する質的・量的な改善を要求する、あるいは自らそれをつくり出すさまざまな活動をおこなう、これが『保育運動』である」[16]

明治維新後、「お上」からのものとして導入された「保育」が、50年のときをへて、民衆の手においてあらためて構想されはじめたことになります。「そこには、労働者の権利、女性の権利、子どもの権利への要求が内包され」、「思想的に厳しい状況のもとであったが、保育運動は戦時下においても命脈をたもち、さまざまな成果を蓄積して戦後保育の土台を形成[17]」しました。

注目すべきは、保育運動が単に「子どもを預かってくれる場を増やしてほしい」という託児の要求ではなく、人権と個人の尊重を確立し、子どものみならずおとなもふくめたすべての人びとに人間らしい暮らしと育ちを保障しようという、一つの社会思想の萌芽となっていることです。「保育」ということばは、その具体的にいとなまれる場や年齢範囲をひろげてきただけではなく、「保育を通じて社会を豊かにしていく」という意味まで包みこむようになったのです。

信州の農村で共同保育所をいとなんだ経験をもつ近藤幹生さんは、『保育とは何か』という本で次のように述べています。

「保育とは、人間が人間を育てる営みで、その内容はとても豊かである。保育のあり方は、制度の制約を受け、社会の需要によっても変化する。しかし、時代は変わっても、保育を成り立たせる理念には普遍性がある。保育の基本的な役割とは、子どもの成長・発達を保障すること、親が働くことを支えること、地域社会の子育てを応援することなどである。保育を通して考えてみると、一人の子どもの存在が、周りのおとなたちを結びつける役割を果たす。そして、子どもの保育を通して、地域の輪ができていく。保育には、地域社会をつくっていく力がある、といっても言い過ぎではないだろう[18]」

今日、「保育サービス」と呼ばれるなど、保育は通常のモノの売り買いと同じような私的契約を連想させるようになっています。しかし、150年におよぶ歴史には、先人たちが「保育」ということばに公共的性格を根づかせようとした格闘の痕をみることができます。その公共的性格とは、上からの「施し」を待つことでも、市場の競争原理にゆだねることでもなく、保育に実際にたずさわる人びとの自治（自律性）と協働（共同性）を原理とするものだといえるでしょう。近藤さんの「保育には、地域社会をつくっていく力がある」ということばは、保育の社会的役割をシンプルに定義づけたものだと思います。

●市電車両の保育施設

北海道大学には、かつて「北大幼児園」と呼ばれる保育実践がありました。戦後新しい憲法と教育基本法の下、各地に新制大学ができました。一九四九年に教育学部が設立されたころは、やっと戦後の復興がはじまったばかりで、ベビーブームでもあり、北海道大学の構内にも多くの幼児や児童が群れてあそんでいたそうです。そのころ、まだ保育施設の設置状況はきわめて不十分な状態だったのです。

写真１　林田栄と子どもたち（1952年）19

当時の教員たちは、子どもたちへの保育の必要と、新しい教育学部生たちが実践において学ぶ機会を保障するという両面の育ちを願い、一九五二年五月から大学構内で青空保育をはじめました。当時の学部長であった城戸幡太郎教授や幼児園の主事（園長）も兼務した奥田三郎教授らは、東京で長く幼稚園教諭の経験をもった林田栄さん（**写真１**）を呼び寄せ、たちまち数十人の幼児が保育を受けるようになりました。

この実践は大学職員や近隣の親たちから支持され、保護者

写真２　古電車の保育室（室内、1952年）

写真３　古電車の保育室（外観、1952年）

による「楡《にれ》の会」が運営に協力し、大学と地域が一体となった保育実践を生みだしていきます。しかし、雨の日もありますし、なにしろ北海道ですから秋からは青空保育だけではむずかしくなります。そこで、札幌市長に頼みこんで市電の古電車車両を3台払い下げてもらい、キャンパス内に設置して、保育室にしたのです（**写真２、３**）。

混乱の時代ゆえの何とも型破りな実践ですが、北大幼児園の実践もまた、時代の変化によって生じた新しい家族と子ども、地域の暮らしに敏感に反応した「保育」だったといえます。一九六二年発行の『十年のあゆみ』には、幼児園の保育のめざすところについて、以下のように記されています。

「この十年間、はじめからいつも考えてきたことは、ある特定な層の子どもということではなく、すべての層の子ども、さまざまの違った環境の中にいる子どもに対する保育ということで、具体的にはどんな仲間ともなかよく遊ぶことができ、仲間の中でのびのびと活動できるようにさせるということなのです。また子どもたちがこれから先いろいろな社会の中に入って生きていく時に、心身ともに健康で、少しのことにはへこたれない、がんばりのきく人間であることは大切なことだと考え、この点もいつも念頭において保育が行われています。したがつて、子どもをあれこれいじりまわさないで、その自然に伸びていこうとする力を、十分にあらわすことができるようにしてやることを心掛けています。云いかえれば、幼児を本来限りない発達の可能性を秘めたものとして考えて、その発達を阻害しているような条件はできるだけ取り除いてやる一方、発達を促進するような条件をできるだけ準備してやるようにと配慮しているのです」[20]

北大幼児園は二〇一〇年、58年の歴史にその幕を下ろしました。発足当時は、まだ戦後の混乱からやっと脱しつつある時期だったと思いますが、それでもこのような子ども観と発達観の下で保育が行われえた背後に、この国で育まれた保育・子育ての思想の確かさを感じさせます。また、保護者、地域、行政など頼れるものは何でも頼って、子どもと家族のために保育の場をきりもりしようとする先人の背中は、いまに通じるものと思います。

戦後復興から高度経済成長期をへて、全国各地に保育所や幼稚園が設置されていきました。今日、乳幼児期の「保育」は、0歳児ではその年齢（4月2日〜翌4月1日生の子で構成される学年を基準とする）の人口に対してまだ15％ほどですが、1〜2歳児では保育所だけで50％にせまり、3歳以上は幼稚園と保育所を合わせると100％近い利用率（就園率）になっています。保育時間も長くなり、多くの子どもが一日のうち目が覚めて活動的な時間のほとんどを、保育所や幼稚園で過ごすようになっています。現代の親子にとって保育所や幼稚園やこども園はなくてはならないものになっていますが、半面、そこでの経験と発達の保障がかつてないほどに重要なものとなっています。

3　保育のなかの子どもと発達

（1）新しい矛盾――おとなは主体的なのか

このように、子どもたちに保障する必要のある経験や発達、また環境は、時代とともに変わっていきます。ただ、保育の歩みをふり返るとき、もっとも中心的な課題として追求されてきたテーマには普遍性があるように思います。それは、保育とは、そこにかかわる人すべてが主体として生きることを保障するいとなみだということです。

主体として生きる、つまり、人びとが主体性をそなえた存在であるということは、そこにさまざまな新しい「つながり」をつくりだしていくということを意味します。子どもと保育者の関係、子ども同士の関係、子どもが環境とのあいだにつくる関係、保護者が保育実践とのあいだにつくる関係、などです。これらは、〝保育製造マシーン〟が自動的につくりだすものではなく、「こうしたい」「こうありたい」と願う人びとの、ときに意識的な、またときに非意識的な活動が生みだすものです。

保育の歴史は、まさに目の前の課題に保育者だけでなく、保護者や住民、研究者、行政の人などさまざまな立場の人びとが関与して道をきりひらいてきた、〝問題解決の実践史〟でもあったと思います。いま、その問題解決の責任が、「保育者」だけの双肩にのしかかっているような気がしてなりません。しかも、その保育者とて、ほんとうに「主体」として、自らの判断と裁量の下で保育をすすめていけているのか、疑問符がつくのではないでしょうか。

制度が未確立で普及していない時代には、まさに保育の場をつくりだすところで解決しなければならない問題が山積していました。しかし、そこには保育に関与する人びと自らが考え、動かざるをえない領域もまた、山のようにあったことでしょう。一方で、システムが確立してくると、今度は、人間がしくみに支配されてしまうという状況が、最大の難問になります。それは、あらゆる近代的なしくみに共通する、「システムのひとり歩き」、つまり予定調和的に物事をすすめようとする力学が、人びとの日々の小さな願いや気づきを無視して、強力に作動しやすくなるという問題です。

現代では、「子どもの主体性」とよくいわれますが、そもそもおとながどれだけ主体性を発揮できているのでしょうか。自分で考えて動いているようでありながら、「空気を読んで」用意された枠と、計画の流れに乗っているだけということが多いように思います。流れに乗らない、集団行動をしない、〃わがまま〃を言う子どものほうが、むしろおとなに警鐘をならしてくれているということはないでしょうか。

（2） 問題解決の主体としての子ども

保育の問題解決の実践をきりひらいてきた「さまざまな立場の人びと」とは、おとなのみならず、まさに一番の当事者である子どもをふくむものです。小川博久さんは、「保育」を、おとなと子どもの「共同の仕事」である点を強調しています。

「保育という用語の一部をなしている教育という言葉のニュアンスからいえば、大人が幼児を教え導くというイメージが強い。しかし、その実際はきわめて多面的である。（中略）保育という営みにおいて、大人の立場から見て食事は幼児の成育に欠かせない営みである。だから、幼児の意思に関係なくきちんと与えなければならない。なぜなら幼児の生死にかかわることだからである。この大人の論理がいかに正当であろうと、このまま幼児に押しつけることはできないし、してはいけないというよりできない（不可能）のである。保育の営みは大人の一方的な働きかけでは成立しない。大人と幼児との共同の仕事なのである」[21]

150年の歴史で「保育」を育ててきたのはおとなたちだけではなく、その姿でもっておとなたちのすすむべき道を照らしてくれたはずの、子どもたちの主体性を忘れてはならないと思います。子どもは、保育のなかでおとなによって安全と経験を保障され、育っていくと同時に、その保育実践じたいをつくりだし、変えていく主体です。

保育のなかで保障すべき「発達」とは何でしょうか。過去の発達研究をふまえ、おとなが期待する子どもの目にみえる変化は、もちろん見逃すことのできない「発達」の一側面です。しかし、それは「保育のなかの発達」の一部だと思います。むしろ、保育のなかのさまざまな「関係（つながり）」が育つことが重要です。子ども同士の関係が育つこと、親子や家族の関係が育つこと、保育者と子ども・保護者の関係が育つこと、保育者集団が育つこと。あるいは、子どもがかかわる環境との関係が育つこと、保育者がかかわる環境との関係が育つこと、そして、保護者が保育の環境にどう関係をもつようになっていくかも見逃せません。全体として、保育がいとなまれる「コミュニティ」としての発達（発展）があります。

人間は、個人としての能力に閉じたまま発達をうながされても元気が出ないようにできています。手に入れた知識や技術を用いることによって、あそびに加わることができたり、おもしろさに共感することができたり、だれかを助けることができたり、認めてもらったり、くやしい思いをすることによって充実していく存在です。個人的な追求にみえるあそびでも、それは自分以外のもの（世界、環境）との対話があるからこそ充実するはずなのです。

また、子どもは、生活やあそびにとってほんとうに必要な問題解決に関心を寄せ、それをとおしてよく学び、人とつながっていきます。保育の活動が、「子どものためだけ」に用意され、「子どもに何かやらせよう」と意図したものであるときには、子どもの心身は動きだしにくいのです。子どもは、親であろうと保育者であろうと、まわりのおとな自身がほんとうに大事にしていること、関心を寄せている対象や活動に引きこまれていきます。子どもの主体性というものは、まわりにいるおとなの主体性と鏡うつしのように育ちます。このことも、「発達」を子どもの問題に閉じこめてはならない理由です。

本編の構成について

以下の本編は、五つの部に分けて構成しています。**第1部**と**第2部**では、保育でしばしば重要とされる子どもの「主体性」とは何かを考えます。主体性というと、子どもの積極的な取りくみ方やあそびに熱中する姿、また何かを自己決定する様子を意味するものと理解されていることが多いと思います。しかし、人間の主体性とは、ほんとうにそのようなアクティブな（能動的な）側面だけなのでしょうか。まだ、ほとんどの生活をお世話してもらうところから発達をはじめる乳児にまでさかのぼることによって、人間にとっての主体性の含意と、その発達のあり方について考察を深めたいと思います。

第3部では、一転して、「保育と発達」の関係を歴史的に検討します。「保育」の制度と実践も、「発達」という考え方も、いずれも明治維新後にヨーロッパから輸入されたものです。これらは、当初「上」からの価値づけで社会に導入されていきますが、やがて民衆の下でとらえ返され、自分たちと子どもたちの暮らしを「よりよい」ものにしていく原動力となります。しかし、戦後の高度経済成長をへた一九七〇年代ごろから、「保育」も「発達」も、その発展する方向性に迷いはじめます。この〝道迷い〟は、社会全体がこれからどのように発展していくべきなのかという、社会観や社会構想の迷いと鏡うつしです。第3部では、現在私たちが立っている位置を見さだめ、これから「保育」と「発達」が歩むべき方向性をさぐっていきます。

第4部と**第5部**は、前部での歴史的なふり返りをふまえて、大きく三つの観点から「保育」と「発達」との関係を結びなおす作業を行います。

一つめは、「年齢」についての考え方を揺さぶります。子どもの発達や姿を、強く年齢（学年）準拠的にとらえる見方は、日本にかなり特有のものである可能性があります。「年齢」の問題をあらためて問いなおすことにより、子どもの見方の自由度を高めたいと思います。

年齢的子ども理解からまなざしをズラすことによって、二つめの観点として、子どもの〝テーマ〟に接近するアプローチを提案します。保育実践記録の蓄積がある日本では、年齢や発達にかかわらず、子ども（たち）がどんなテーマをもって生きているのかを読みとっていくことは、それほどむずかしいことではないはずです。しかし、年齢や発達、あるいは計画や目標にこだわりすぎることが、それぞれの子どもが人生の主人公として育んでいる〝テーマ〟をみえなくさせてしまうのだと考えられます。

三つめは、保育の公共性とは何かを考える視点です。保育は、子どもと家族がおかれた社会的状況に敏感に反応する実践です。長い道迷いのなかで、社会のほうがどうなっていくのかみえなくなったこともあり、現代において保育所や幼稚園という場が果たす価値が揺らいでいるのではないかと考えられます。最後の二つの章で、あらためて現代における保育の公共性を明らかにし、新たに生まれてきた第三の場所としての「居場所」の実践も参照しながら、明日の保育の課題と可能性をさぐっていきたいと思います。

第1部

子どもの「主体性」とは何か

「どれくらい?」「ちゅうくらい」(京都・旭ヶ丘保育園)

第1章　子どもはどう「自己決定」しているか

1　「主体的」の使われ方

(1)　幼児のお弁当

ある朝、早めに目が覚めたので、居間のソファに寝そべってテレビをつけました。ぼんやりニュースを眺めていると、キャスターが「幼稚園児のお弁当に異変が起こっている」と報じました。ある男児のお弁当箱は、少量のおかずのほかはすべて〝巨峰〟で占められていました。別の女児の母親は、お弁当の中身をすべていいなりにしないと娘が怒ってこわいのだと述べました。その日、女児のお弁当の中身は白米とスパゲッティとグラタンでした。

その後管理栄養士が出てきて、栄養バランスの解説をはじめたので、そのころ話題になりはじめていた食育の問題にひきつけようとしているのだなと思ったのです。ところが、次の画面にうつしだされたのはモノクロの幼稚園の写真で、幼稚園の歴史からしだいに幼稚園教育要領の話になっていきました。一九八九（平成元）年の改訂で「子どもの主体性」が強調されるようになったが、そのような流れのなかで幼児のお弁当に異変があらわれてきたのではないか、というような展開でした。

私は、どこか違和感を覚えました。お弁当に好きなものしか入っていないことは、子どもの主体性を尊重したからなのか。おとなたちに、「子どもの主体性」はどう理解されているのか。〝ぶどう弁当〟や〝炭水化物弁当〟のイメージと「主体性」ということばが、頭のなかでぐるぐるとまわりました。

（2）二つの極論

発達途上にある子どもの主体性を考えていこうとするなら、より実際の姿からの定義、つまり〝実践概念〟[1]として主体性とは何かを言語化していく必要があります。保育の実践概念としてことばを定義しておかないと、「……のように主体的に取りくむ姿が見られた」という保育の記録を読んでも、書き手の保育者として、子どもの何をどのように見てそう受けとったのかがオブラートに包まれてしまうからです。もちろん、子どもや保育の記録は、保育者とその子どもの関係性によって見え方や力点がちがうものです。それを認めつつ、いま少し記述を公共的なものにしていくために、言語化を試みたいと思います。

さて、「子どもの主体性」とともに、「子どもの自己決定」ということもよくいわれてきました。バイキング形式の給食で、自分で食べる量を調整する。いくつかのテーマから自分で活動を選んですすめる。いずれも、子どもに選択の余地を残し、子どもが「自分で選んだ」、「自分で選んだから食べる、やり遂げる」ということをめざして取りくんでいるものと思います。

一般的に、子どもの主体性を尊重するというのと、子どもの自己決定を尊重するというのは、かなり似た意味で使われているように思います。では、主体性や自己決定とは何なのか？　その考え方には、次の二つの極論があるように思われます。

Ａ　子どもの好きなようにさせるのが主体性・自己決定の尊重である。
Ｂ　人に影響されないで決定するのが主体的な自己決定である。

Ａは、先ほどのお弁当のニュースで示されたような考え方で、「主体性＝放任」論と名づけたいと思います。Ｂは、子どもが真に自己の意志にもとづいて決定するところに主体性を認める考え方で、「主体性＝自己」論と名づけたいと思います。

Ａの「放任」を文字どおりとれば、保育も子育てもずいぶん楽にみえます。でも、子どもが勝手に生きていけるならそれでもいいかもしれませんが、少なくとも乳幼児には無理です。食事をつくってあげなければならないし、清潔を保ってあげなければならないし、他者とのトラブルに何らかのかかわりをもってあげる必要があります。つまり、「放任」というのは、現実には子どもに対しては成立しない状態なのです。

では、Ｂはどうでしょうか。子どもが自分で決めることに価値をおき、それを主体性が発揮された状態とみる考えです。これは、一見よさそうにみえます。しかし、この考えをつきつめると、完全に他者から独立して決めることが〝究極の主体性〟ということになります。そうなると、極端にいえば、だれが何を言っても聞き入れず、他者を無視して決めるということが「よい」ことだとなります。そんなことは、可能でしょうか。あるいは、現実にそんなことが、あるのでしょうか。

実際の子どもの「自己決定」は、あくまでおとなが用意した環境や選択肢、おとなが許す範囲においてのものであり、「食べない」「やらない」というのは通常は認められません。また、子どもを見ていると、ほんとうに「自己」というものを基準に「決定」しているのかあやしいことも多いものです。先に配膳に並んだ子が大盛りにしたのを見て、自分も大盛りにする。仲よしの子が選んだ活動にいっしょに入る。とくに強い思いはないけれど、選ばないといけないから「なんとなく」決める。こういう姿はごくふつうに見られます。

この二つの極論は、ちがっているようで同じ根っこをもっています。それは、「子どもを関係的にみていない」ということです。それぞれの子どもは、真空管のなかに閉じられたバラバラの存在ではありません。つねに「関係」に開かれ、おとなや他児と、たがいに影響を与えあって行動したり考えたりしています。このあたりまえの事実をふまえて、「主体性」や「自己決定」ということばのもつ意味を考え、保育がこのことばに託したい価値を深めていく必要があります。

以下では、食事場面を例にとって、子どもたちがいかに関係的に自己決定する主体であるかをみていきたいと思います。

2　プーさんが見ているからぎゅうにゅうを飲む

（1）手こぼし――「基本的生活」のルーチンを内側からやぶる

この節では、加用美代子さんによる「『一緒に食べる・おいしく食べる・楽しく食べる』を検討する」という連載[2]を借りながら考えていきます。加用さんは、保育園の給食場面での何気ないやりとりの記録のなかに、子どもにとっての主体性や自己決定とは何かを考えるための手がかりがつまっていることを指摘し、次のように問うています。「そもそも『保育』のとらえ方や実践の研究をしていくという面で、『基本的生活』の活動は、ルーチンワークとして軽視され気味という可能性はないでしょうか[3]」。

たしかに、食事や睡眠といった「基本的生活」は、子どもの生存と健康にかかわる基盤ですから、日々の量と質にムラが生じないようできるだけルーチン化して、予定どおりコトをはこびたいと考えるのは無理からぬことです。でも、ぎゃくにいえば、子どもにとっても重要なことだからこそ、時々刻々と変わっていく心身の状態に合わせて、揺れ動きにつきあってもらうことで「基本的生活」が安定するともいえるでしょう。実際には、保育者は子どもの揺らぎにつきあっており、遠目にはルーチンにみえる給食場面にも、じつに豊かで複雑なやりとりの世界があるものと思います。

毎日毎日くり返しやってくる食事や睡眠（寝かしつけ）や着替えは、それが簡略化されてサササッと片づいたらおとなはどんなに楽でしょう。おとなにとって、子どもの基本的生活につきあう時間は、ある意味では不自由を強いられることかもしれません。しかし、加用さんの連載で取り上げられた実践記録には、そういった不自由さやルーチン化を、まさに内側からやぶっていくような子どもと保育者の姿があります。

〝筋金入り〟のゆめちゃん

「手こぼし」はそのいい例です。[4] どこかの名のある風習のようですが、京都のくりのみ保育園の保育者が考えた造語だそうです。「手こぼし」とは、手のひらに一口大くらいの食材をのせて、口に放りこむという食べ方です。ある種の手食いであり、一般的にはかならずしもほめられることではないのかもしれません。とはいえ、つかみ食いでもないのです。節度があり、それでいて「手こぼし」とは何ともおいしそうな響きではないですか。夢があります。

くりのみ保育園2歳児クラスのゆめちゃんの記録には、子どもと保育者のやりとりと、保育者の内面の葛藤や気づきが克明にえがかれています。[5] 保育士の川本婦二子さんいわく「ゆめの〝食べない〟は筋金入り」[6] で、「月案の反省をするたびに、毎月のように『白いご飯と蛋白源しか食べへんなあ……』と名前があがる」[7] ほどの子どもでした。でも、次のような姿も見られます。

「食事の場面でもご飯以外のものをすすめようとすると、『ゆめちゃん、ほうれんそうも……』と言いかけたところで、『ゆめは嫌なの～』と今にも泣き出しそうなほどの拒否のしかた。それでも和え物などをした時は、手こぼしをすると、みんなと同じように自然と手がのびて、警戒しながらも、そーっと、一口の和え物を少しずつ口にするという姿もあったりする」[8]

ゆめちゃんほどの〝筋金入り〟でも、鉄壁ガードをずっとつづけるわけではないようです。どこかに揺れがあらわれ、拒否ではない姿になります。

(2) 揺れ動き

こうした実践記録をふり返りながら、加用さんは子どもたちの「自己決定」が、他者との関係のなかで「揺れ動き」ながら展開していくものであることを強調しています。「揺れ動き」とは、子どもの姿を因果関係（こうすればこうなるというマニュアル的な見方）でとらえないための実践概念です。子どもはおとなのように、何をするか決めてから取りくもうとすることは少なく、いろいろな伏線を背景にしつつ、そのときそのときの小さなきっかけや、なぜだか急に変わってしまう心持ちに導かれながら行動しているということです（おとなもたいていはそんなものだと思いますが）。でも、それが子どもの日常というものでしょうし、その揺れ動きが受けいれられるところに安心感が生まれるのだと思います。

たとえば、連載には以下のようなシーンがえがかれています。

しゅうまいとくりごはんを残して、
いぶき「もういらん」
川本　「ごはん食べへんの？　くりおいしいのに？」とつまんで食べる。
いぶき「食べさせて」
川本　「自分で食べーさ」

いぶき「いやや食べさせて」

途中からは自分で食べるやろうと思い、「しゃあないなあ」と「おうちでは自分で食べてんの？」などべらべらしゃべりながら残っているものを食べさせる。しゅうまいが少し残ったくらいでおしゃべりに夢中で進まなくなったので「もうごちそうさまする？」「あかん、しゅうまい食べる」と最後は自分で全部食べた。

その様子を見ていたさくら。「さっちゃんも食べさせて！」「今日は赤ちゃんがいっぱいやなあ」。ニコニコとうれしそうなさくら。手をつけていなかったしゅうまいを食べさせると全部食べた。[9]

くりのみ保育園の２歳児クラス、もっとも月齢が高いグループでの一幕です。子どもの〝食べない〟も、ゆめちゃんのように〝筋金入り〟という場合もありますが、おおよそは揺れ動いてしまうものでしょう。ゆめちゃんでさえ、手こぼしには心が動いたのです。

（3）開かれた自己決定

アレルギーなどは別にして、おとなになると「○○は食べられない」と決め打ちの場合があります。会食をセッティングするときに、魚が苦手な人を海鮮居酒屋に連れていくことはないでしょう。その「嫌い、苦手」には、だれがなんと言おうと、絶対的なものがあります。おとなは、「自己に閉じた回路」で頭から食物選択をする傾向があるのです。これに対して、子どもの「好き、嫌い」という判断の仕方はおとなとはだいぶちがうようです。ふたたび、くりのみ保育園の２歳児クラスの記録です。

早々に食べ終わり「ふいて」とタオルをもってくるれな。見ると牛乳には手をつけていない様子。スープをおかわりして飲んでいたし、もういいかなと思いつつ、なーんにも飲んでへんのもなあと思い、「牛乳なんにも飲んでへん人はふきませんねん」と軽く言う。れな「はいはい（わかってますやん）」と一口飲む。「お！　飲めますやん」という川本の言い方に「え〜」とにやにやしながら全部飲んだ。

次にかえでが「かえでのプーさんやで」とタオルを持ってくる。それは新しいタオルで朝から何度も見せにきていた。見るとかえでの牛乳も手つかずで残っている。川本「かえでのプーさんかわいいなあ、プーさんに見ててもらって牛乳飲めるんちゃう？」「え？　飲めるで」と一口一口プーさんをながめながら飲むかえで。その間川本は、プーさんタオルをかえでの前で広げてもっている。飲み終わると、川本「プーさん見てた？　やっぱりかえでちゃんてすごいなあ」「あくしゅでバイバイするわ」と川本がもっているタオルのプーさんとあくしゅをしてから洗濯物入れに入れていた。

その様子を隣で見ていたゆうさくのタオルはアンパンマン。「ゆうさくもアンパンマンでして〜」。同じようにすると牛乳を一気飲みして（この人は牛乳が苦手なわけではない）アンパンマンとあくしゅをしてニコニコで口をふいて終わりにしていた。[10]

おとなは「クマのプーさんが見ているから今日は牛乳を飲もう」とは通常ならないでしょう。でも子どもは揺れ動いて、その気になってしまうのです。子どもの自己決定は、このように「他者に開かれた回路」に満ちあふれているのです。「主体性＝自己」論の限界は明らかです。２歳児なので、このように決定が他者に開かれていることが分かりやすいともいえますが、大きくなっても、他者の影響を受けていることそのものが内面化して、みえにくくなるだけで、やはり決定過程に他者は介在しているのです。

（4）セミバイキング形式の真の意味

同じく京都の旭ヶ丘保育園では、二〇〇七年からセミバイキング形式の給食を取り入れたそうです[11]。その導入の経緯は、食そのものというよりも、保育目標としている「自分の頭で考える」と「みんなと一緒に考える」という力が育ちにくくなってきているという現状認識がありました。

家庭では「〇〇しなさい」「はやくしなさい」と言われ、近所で異年齢集団であそぶことはなくなり、保育園ではあそび―食事―昼寝を同じ部屋であわただしくしなければならず「〇〇ちゃん、はやく手あらってきてや、みんなまってるよ」「もうさき食べるで」とせかされる……。職員会議では「〇〇ちゃんは給食の時間になると（甘えたり、ごてたり、すねたりなど）自分を出している」という報告がありましたが、なぜたのしくおいしいはずの給食でそうした姿が見られるのか、そもそも自分をだすというのはそういうことなのか、もっと気持ちよく自分の気持ちをだせるようにすることこそ必要なのでは、と保育者たちは考えていったようです。その結果、とくに3歳以上の子どもたちについて、食べる量や食べるタイミングをある程度自分で選べるセミバイキング形式を検討しはじめたとのことです。

●最初は「主体性＝放任」論ではじめるも……

セミバイキング形式を取り入れた当初は、嫌いなものはまったく食べないという子について、「自己決定だから」とそのままにしていたそうです。しかし、結果として食べられるものが偏ってしまいました。これではよくないということで、「少しだけ（ほんの指先のようなトマト、うす～い半月切りのきゅうりなど）お皿に入れて『ダメやったら言いに来て』という対応に変わり」[12]ました。

この経緯がとても重要なものであったと想像します。子どもの自己決定がねらいとしてあげられてはいますが、もともとは子どもたちの現状から出発して、〝安心感を育む給食〟にしたいというのが真のテーマでした。セミバイキングにより、「もっとほしい」「少なくして」「おかわりしたい」「もうちょっとあとで食べる」といった子どもたちの声をひろい、やりとりすることによってそれぞれの子どもの背景や育ちがよく分かるようになっています。それをとおして、生活の基本に安心感が育まれることが何よりたいせつです。

食事や睡眠というデリケートな生理現象が、自分でコントロールできないというのはとてもつらいことです。安心感がベースになることで、子どもたちは「一つだけ食べてみて」「このうす〜いのならどう?」という保育者の願いを受けとめてくれるようになるのでしょう。このようなやりとりをへて、日々おぼんに盛りつけられた給食こそ、子どもたちの自己決定の証であり、同時にその自己決定がいかに「他者に開かれた回路」をくぐって成立してきたかをあらわしています。

3　「主体性＝関係」論

（1）おとなの事情と子どもの実際

そもそも「自己決定」というものは、おとなにとっても関係的なものです。たいていの場合、時間的な制約（いつまでに決めてください）や枠の制約（この中から決めてください）がありますし、他者の期待を先取りして「自己決定」することも多いものです。一方で、自己決定（権）と法的責任との関係には近代社会の〝ルール〟があります。法的な責任がとれる主体には、それ相応の「意思・自己決定」と「義務・責任」の関係をセットにして取り扱います。このルールの下では、「閉じた回路」の存在を仮定し、「あなた個人の意思にもとづいて決めた」ということにしておかないと、社会がまわらなくなるという事情があります。こうしたおとなの事情と、日々の暮らしのなかでの子どもの自己決定を、同じ理屈で考えるとおかしなことになってきます。

くりのみ保育園や旭ヶ丘保育園の試行錯誤に学びますと、28頁で取り上げたA「子どもの好きなようにさせるのが主体性・自己決定の尊重である」（「主体性＝放任」論）も適切ではないし、B「人に影響されないで決定するのが主体的な自己決定である」（「主体性＝自己」論）も無理があることが分かります。AもBも、子どもがつねに関係のなかを生きているという事実を見落としています。

（2）周囲とのあいだに結んでいる関係の状態

おそらく、子どもの「自己決定」を考えるうえで理解しておくべきことは、決定とは、①他者や環境との影響関係のなかで生じるものであり、②ある時点で「決定」がなされたかどうかは本人だけでなく周囲の他者が認めることによって成立する、ということではないかと思います。もちろん、子ども自身が「決めた気になる」（〝決定の感覚〟をもつ）ということは重要で、両園の実践はまさにそこをていねいに考えたものだったと思います。

以上の考察をふまえて、私は子どもの主体性や自己決定にかんする第三の考えを、次のように提案したいと思います。

C　子どもの主体性や自己決定は、他者や環境との関係においてのみあらわれる。

これを「主体性＝関係」論と名づけたいと思います。この考えにおいて、主体性とは「自分で決める」「能動的に行動する」「活発に活動する」といった、見るからに積極的な姿をかならずしも意味しません。主体性というのは、子どもがどのように周囲の人やモノやできごとと関係をもっているのかを意味する語です。したがって、**「主体性とは、『その子どもが周囲とのあいだに結んでいる関係の状態』」**と定義することができます。つまり、すべての子どもには、つねに何らかの主体性があることになります。

ただ、子どもと周囲との関係性は、変化するものです。一時的に古い関係がほどけ、新しい関係を結ぶまでのあいだに、主体性が宙に浮いたような状態になることがあります。入園して間もなくは、それまでの家族との関係では発揮できていたさまざまな能力や感情表現が、園ではだしにくくなります。好きな先生、友だち、場所、モノなどが安定してくると、潜在していた能力や表現が、環境とのあいだに新しい関係を結びはじめます。そうすると、子どもが主体的に見えてきます。

前の園では活発にたのしんだ一輪車を、転園先でもたのしめるようになったとき、それは単に「一輪車に乗れる」というだけでなく、その子にとっては一輪車とのあいだに新しい関係を結んだことを意味するのです。それは、能力の面では同じ技術を使っているだけのようにみえても、子どもにとっては意味がまったくちがっているでしょう。ですから、この変化には、能力の発達はなくとも、主体性の発達を読みとることができるのです。

主体性が弱いようにみえるときは、子どもが新しい関係をさがしているときであり、あるいは、相手や環境と新しい関係を結びなおそうと試行錯誤している過程です。そこに、保育的な援助の必要があらわれます。保育における援助とは、能力発達をうながすことだけでなく、子どもの主体性の発達を、つまりは子どもが周囲との関係を結んでいく過程を支えるところにポイントがあるのではないでしょうか。

第2章　保育のなかでとらえる主体性

1　他のことばとの関係を整理する

（1）「能力」とのちがい

「能力」という概念と対比することによって、主体性の意味を明確にすることもできます。

「能力」とは、一般に「その人は何ができるのか」を意味します。主体性をあらわす英語“subject”には「主語」という意味もありますが、[1]能力は「述語」にかかわる概念です。「Aちゃんは、一輪車に乗ることができるようになった」と書いたとき、能力の面は、「一輪車に乗れる」という部分にあらわれています。しかし、一輪車に乗れるというのは、Aちゃんという主語（主体）の一部であり、ハサミで切り抜きができる、跳び箱10段とべるなどと、たとえできることすべてをあげたとしても、能力から主体を意味づけることはできません。なぜなら、能力はどの子どもにも共通するものであるのに対して、主体は「その子」しかいないからです。一輪車ができる子はたくさんいるけれど、Aちゃんは一人です。そして、Aちゃんと一輪車の関係も、一つだけです。

主体性を重視するということは、子どもだけをみることでもなく、何かができるようになるという能力の面だけをみることでもないのです。ある子どもが、周囲とどのような「一つの関係」を結んでいるのか、結んでいくのか、その関係（つながり）をみていくことを重視するということにほかなりません。

（2）「集団」と主体性

しばしば子どもたちの「集団」を育てようとする方向と、「主体性」を保障しようとする方向が、うまく調和しないということもききます。しかし、そもそも「集団」とは何でしょうか。

ときに、「集団行動がとれない」という表現がありますが、ともすると、それは集団が優先されるべきで、個人はそれに従うのが当然という論理が背景にあるようです。[2] しかし、「集団」はもともと「一つの関係」を生きる主体のあつまりです。主体性を尊重する「集団」では、たとえ複数の子どもで「同じ」活動をするとしても、各人がそれぞれにその活動や仲間や道具などの環境とのあいだに「一つの関係」を結んでいます。ですから、そのような集団であるときは、たとえば、活動の思い出を絵に描こうとなっても、そこに描かれる内容は十人十色になるでしょう。また、かりに同じ場面を描いた子が複数いたとしても、その絵にこめた物語はちがっているでしょう。このように、「集団」と「主体性」は、すすむべき方向の異なるものではなく、絡まりあいながら発展・発達するより糸のような関係として理解することができます。

2　「関係の状態」とは

(1)　熱中とステップ

先に主体性を、「その子どもが周囲とのあいだに結んでいる関係の状態」と定義しました。ここで、「関係の状態」ということについて考えてみたいと思います。

子どもは、人間関係だけでなく、モノや活動とのあいだにも関係（つながり）を結んでいきます。その関係は、基本的に子どもを「いきいき」とさせるものです。ある「一つの関係」が、その子の生活全体を彩っていくことがあります。けん玉にはまった子が、つねにマイけん玉をたずさえ、園でも家でも外出先でもけん玉を介して社会とかかわっていく、などです。

けん玉の子の姿は、「関係の状態」という意味では分かりやすいものです。それは、「けん玉を中心に世界がまわっている」ようなものであり、〝熱中〟とか〝没頭〟とか、〝はまっている〟というように呼ぶことのできる関係です。このような場合、主体的な姿と形容することはむずかしいことではありません。

一方で、場や相手によって、結ばれる関係が変わっていく子もいます。園では一人で絵を描くのが好きな子が、家ではおねえちゃんとのままごとがたのしい、などです。園で、一人で絵を描いている子の姿はどうとらえたらよいのでしょうか。けん玉の子と同じように、毎日絵に取りくんでいるのですが、それがその子を「いきいき」させている状態に見えてこない。絵を描くことは、手もち無沙汰を埋めあわせているにすぎないのではないか……。

もしかしたら、そういう面もあるのかもしれません。でも、苦手なら絵は描かないと思うので、絵を描くという行為は、その子にとって新しいつながりに結びつく〝ステップ〟と読むこともできます。もし、一人で絵を描いている姿は主体的なものではないと否定されてしまうと、子ども自身が新しいつながりを見つけていくことがむずかしくなるでしょう。少なくとも、「何かをしている状態」というのは、新しいつながりをさがしている過程です。絵を描いている姿を、「新しい関係をさがしている状態」ととらえることにより、主体性を尊重したかかわりの方向性がみえてくるものと思います。

（2）「しょんぼり」にみる主体性

主体性というのは、かならずしも積極的な姿や、笑顔やキビキビと活動的な状態としてあらわれるわけではありません。3人の子どもの例で考えてみましょう。

Aちゃんはその日しょんぼりしています。一方、Bちゃんは無邪気に園庭をかけまわって、来訪者にどんどん声をかけてきます。はじめて会った人には、Bちゃんが「主体的」にみえるかもしれません。でも、Aちゃんの姿は、最近急速に仲よしになったCちゃんが、風邪で休んでいるために生まれている姿なのです。保育者はそれを知っています。Aちゃんは、見た目には「いきいき」していませんが、潜在的には「いきいき」しているはず。Cちゃんとの関係が「いきいき」したものだからこその「しょんぼり」なのです。保育者は、「Cちゃんがお休みでさみしいね」と声をかけることで、Aちゃんの主体性を認めます。

では、Bちゃんはどうでしょうか。一見「いきいき」しているようですが、彼女を知る保育者には、Bちゃんが何かこれといって特別な関係を結んでいる友だちや環境や活動がないことを知っています。いまは「いきいき」は散発的であり、Bちゃんは何か自分と関係を結んでくれるものをさがしているところでしょう。保育者は、「Bちゃんと響きあうものはないかな、きっかけはないかな」と考えるでしょう。Aちゃんにせよ、Bちゃんにせよ、保育者は子どもを主体とみなし、子どもと何かとの関係の状態が豊かになることを支援しています。

3　主体性を育む実践

ここでは二つの実践をもとに、個々の主体性と集団としての成長が相互的に展開する過程をみたいと思います。そのなかでは、子どもと保育者の関係性にも、ある共通した状態があらわれます。

(1)　かえるくん劇場

最初に取り上げるのは、東京都心の幼稚園での実践です。その年の5歳児が、紙で作られた「かえるくん」をめぐり、1年をかけて次つぎに新しいあそびの状況をつくりだし、最後は観客を呼んでの劇あそびに発展したものです。担任だった佐藤寛子さんの実践記録にもとづいて、経過をみていきましょう。進級後まもない四月末、エピソードはこんなふうにはじまります。

「『かえるくん、つくってきたんだ』と、A子がかばんから出してきたものは、画用紙にクレヨンで描かれ、まわりをていねいに切り取られたカエルだった。手に取ってよく見ると、クレヨンできれいに彩られ、A子がていねいに作ってきたことが伝わってきた。

のんきな感じの表情に親しみを感じ、『あら、かわいい!』と、声をかけたが、そのカエルが身につけていた布製のエプロンが、昨年A子が着ていたエプロンとおそろいであることに気づき、思わずドキッとした。

A子は、私に見せた後、そのカエルを自分の引き出しにしまい、その後、それを出して遊ぶことはしなかった」[3]

佐藤さんによれば、年長になると「みんなのため」の活動が多くなります。進級当初、A子は新しい生活にうまく乗れていないようでした。ほのかなきっかけと感じられた「かえるくん」でしたが、A子はそれを引き出しにしまってしまいました。そこで、佐藤さんは考えます。

「『かえるくんを、救出するしかない……』」[4]

写真1　かえるくん

年長の生活になんとなくなじめないA子本人に対してではなく、佐藤さんは、「かえるくん」のほうに目をつけます。黒いモールで、かえるくん用の小さなエプロンをかけるハンガーを作ってみせると、A子は「まってて、いま、もってくるから！」と引き出しからかえるくんをだしてきました。

「私は、硬い表情のA子よりも、のんきなカエルくんに、まずは、アプローチしてみることで、A子の表情を受け止め、彼女が生きいき生活できるように支えていきたいと考えました。

今、ふり返ると年長組の生活にとまどいを感じていたのは、A子をはじめとした子どもたちだけではなかったのかもしれません。何を隠そう、この私自身も、『みんなのため』の生活がどういうものであるのかを、しっかり理解できていなかったのではないかと思います。

『みんな』の中には、『自分』も含まれているということ、つまり、年長組の子どもたち一人ひとりにとっても、生きいき暮らせる生活であることが何より大事だということに改めて気づきました[5]」

一人の「関係の状態」が変わると、まわりも動きだす

引き出しから「かえるくん」が救出されたことをきっかけに、B夫を皮切りにほかの子どもも加わって、ハンガーをかける物干しや段ボールの家が作られたり、かえるくんの友だちとして「ドラえもん」が作られたりして、登場人物たちの「お話」が創作されるあそびに発展していきました。どんどん展開していく子どもたちのあそびを前に、佐藤さんはさまざまな材料や道具を用意したり、子ども同士のイメージがまとまっていくことを支える提案をします。

「かえるくん」をめぐるあそびは、その後、劇としてより本格的なものになっていくのですが、その過程で、ものづくりにこだわりをもつG夫が、劇場の幕作りにかかわることになります。そのときの様子を、佐藤さんは別のところで次のようにふり返っています。

写真2　かえるくんのペープサート

「このときは、たまたまこうなったんです。私の中にもっと見通しがあったら、違う展開になっていたかもしれない。でもこういうとき、子どもたちが思考しているところがおもしろくてたまらないんです。

舞台の幕をつくるときも、自動で上がるようにしたいって子どもたちが言いはじめて、Gくんが『それだったら滑車が必要だ』って言ったんです。Gくんはもともと物の構造とかしくみみたいなものに関心があって、ずっと一人で調べたり製作したりしていた人で、Gくんの中にはしっかりイメージがあるんですね。それで言われた通り滑車を買ってきて二人でやってみたら、私とGくんはできるんだけど他の子だとうまく上がらない。それでみんなから『それじゃ自動の意味がない』とか、『自分だけしかできないようなものはだめだ』とか、いろいろ言われちゃって。Gくんはそこですごく落ち込むんだけど、でも、だれでもできて、しかも自動で開いてるように見せるためにはどうしたらいいかというのを、やっぱりGくんが思いつくんですよ。しかも、とて

も簡単な方法でそれを実現するんです[6]」

「かえるくん劇場」の実践は、A子と「かえるくん」の関係からはじまっています。保育者は、進級してからなんとなく新しい環境とのつながりをさがしあぐねているA子が気になっていました。本章で考えてきた「主体性」の定義から考えるとすれば、保育者は、A子が周囲の環境とのあいだに結ぶ関係の状態を、考えていたのではないかと思います。「かえるくん」の登場は、A子の主体性がいきいきするきっかけのようにみえましたが、彼女自身は、うまくかえるくんと関係を結ぶことができず、引き出しにしまったのです。

写真３　人形劇の舞台と自動開閉の幕作り

そこで、保育者はあえて、引き出しの主にアプローチします。モールで作ったハンガーとエプロンが、A子とかえるくんの関係を動かしていきます。クラスのなかで、新たに動きはじめたA子とかえるくんの関係の状態（＝主体性）は、ある種の伝染作用をもって、ほかの子の主体性にスイッチを入れはじめます。佐藤さんは、「私の中にもっと見通しがあったら、違う展開になっていたかもしれない」と述べていますが、最初にA子とかえるくんの関係の状態が変化するはたらきかけをしたところが、この実践において重要な分かれ道だったのではないかと想像します。

（2）秘密基地づくりプロジェクト

次も5歳児ですが、今度は山里の保育園の実践です。散歩の途中で入った山で、「ヒミツキチ」をつくりたいという声があがったことをきっかけに、クラス全員で長い期間取りくんでいくことになりました。担任だった下田浩太郎さんの記録を要約して、経過をみていきましょう。[7]

ある日、散歩の途中に山に入ると、「せんせい！　きれいなみず！」「いってみよう！」と子どもたちが探検をはじめました。しばらくすると、「ここヒミツキチにしよう！」という子たちがあらわれました。園にもどったあとも、子どもたちの興奮は冷めません。子どもたちと下田さんは、保育室のカーテンを閉め、ドアをバリケードでかためての話しあいをはじめます。「しずかにだよ」「きこえちゃうもんね」と、子どもたちは秘密を共有しあうたのしさを感じているようでした。

●一人の子どもの声から

思いつく道具をそろえて山に行き、いよいよ秘密基地づくりをはじめようというところで、ある子が「これ、かってにあなほっていいの?」とききます。そこから、この実践が大きく展開していきます。下田さんは、先ほどの佐藤さんといっしょに参加した座談会で、そのときのことを次のようにふり返っています。

「保育者の中で完結してしまうのっておもしろくないんですよ。秘密基地のときも、山の中でつくりはじ

めたら、『勝手にあな掘っていいの？』って言い出した子がいた。この言葉は逃しちゃいけないと思って、ぼくが『そうだよね。ほんとうは勝手に掘っちゃだめだよね……』って言ったら、この土地はだれのものだろうって他の子たちも気になってきて、その人につくってもいいか聞かないと、ということになったんです」[8]

そこで、みんなで役場に行ってたずねてみると、所有者を調べるには「公図」が必要と教えてもらい、子どもたちは公図をもらって調査をはじめました。それでも、なかなか持ち主に行きあたらず困っていると、たまたま通りかかった森林組合の方が教えてくれたのです。なんと、持ち主は園長先生の義理のお兄さんでした。

こうしてやっと許可をもらい、秘密基地づくりに奮闘、長い時間をかけて完成を迎えました。この活動の経過について、お便りを通じてたのしんでいた保護者たちから、秘密基地を見たいとの声があがったのですが、子どもたちは「ぜったいにひみつにしたい」と言ったそうです。保育者はその気持ちを尊重し、最後まで場所は秘密にすることにしました。

卒園をひかえたころの話しあいで、子どもたちから二つの提案がありました。一つは、山を貸してくれたお礼に持ち主のご夫婦を基地に招待したいということ、もう一つは、基地を在園児のために残したいということでした。子どもたちは、在園児に向けて、「みつけたらあそんでいいよ。ほかのひとにはひみつにしてね。だいじにつかってね。2011・3・23　きくぐみ」という文を、全員で分担して書き残し、秘密基地とお別れをしたのでした。

(3)〝関係〟に関与する保育者

秘密基地づくりプロジェクトの実践で興味深いのは、実際の秘密基地に入るまでの下地づくりです。ふだんはそんなことはしないのでしょうが、下田さんと子どもたちは部屋のカーテンを閉め、机と椅子でバリケードまで張って、「ヒミツ」であるということを共有していきます。散歩先の山でたまたまだれかの声で秘密基地をつくりたいということになったので、なかにはそれほど乗り気でない子もいたかもしれません。しかし、「ヒミツ」の話しあいとなれば、その気になってきます。秘密基地づくりというあそびのうち、「キチ」という実体ではなく、「ヒミツ」という心理的な要素から入ったことが、5歳児の実践としてじつに示唆的だと思います。

「かってにあなほっていいの?」という、一人の子のことばが拾われたことも重要でした。この気づきによって、子どもたちと山の関係、子どもたちと秘密基地の関係は、その状態を大きく変えたと思われます。当初、秘密基地づくりは「自然」に対する行為であったと思いますが、このことばから役場・公図・持ち主と出会っていく過程で、「社会」に対する行為に変容したと考えられます。最終的に、子どもたちから持ち主夫妻をお礼に招待したいという提案が出されますが、「自然」との関係で基地づくりをしている限りは、こうしたできごとは起こりえないのです。

かえるくん劇場の実践も、秘密基地づくりプロジェクトの実践も、共通しているのは、保育者が「子どもと何かとの関係の状態に関与しようとしている」ということです。佐藤さんはA子とかえるくんの関係に、下田さんは子どもたちと秘密基地との関係に、です。主体性を「その子どもが周囲とのあいだに結んでいる関係の状態」と定義するとき、両保育者の子どもへのかかわりは、まさに子どもの主体性の発達を援助するものとなっています。ある子どもの主体性の変容は、近くで活動しているほかの子どもの主体性と相互影響的になっていくようです。保育の過程というのは、このように、個にはたらきかけているようでありながら、じつは集団としての育ちにも関与しているようないとなみだと考えられます。

第1部の二つの章では、保育における子どもの主体性や自己決定というものをどう考えればよいのかについて、大きな枠組みで考えてきました。事例としては、おおむね2歳児以上のものを取り上げました。**第2部**では、乳児の世界にもどって、0歳から主体性をとらえていくために、これまでの発達研究の蓄積に学んでみたいと思います。

第2部

子どもの「主体性」はどう育つか

第3章　人間の赤ちゃんが〝未熟〟であることの意味

1　発達心理学と乳幼児観

(1) 乳幼児の発達研究のはじまり

一八世紀末から一九世紀にかけて、ヨーロッパを中心に乳幼児期の発達研究が少しずつはじまります。多くは、自分の子どもを日常的に観察する日誌研究といわれる方法で、実証研究としては素朴な段階にありました。一九世紀後半になると、進化論で有名なチャールズ・ダーウィンが、息子の観察結果を学術雑誌に発表するなど、乳児の行動や表情にかんする組織的な研究があらわれるようになります。

それまで系統立っていなかった乳児の観察研究でしたが、進化論や発生学などの新しい生物学理論からヒントを得て、乳幼児理解を深めていきました。それでも、当時心理学の創始者の一人であったウィリアム・ジェームズは、乳児の内面世界を「咲きほこるガヤガヤとした巨大な混沌」と表現するなど、心理学的には乳児は〝無能〟な存在とみなされていたといえるでしょう。

（2）子どもと発達の自律性

二〇世紀に入り、発達心理学が発展するなかで、乳児にも秩序だった行動原理や初歩的な認識活動が存在することが示されてきました。その「発見」に最大の貢献をしたのが、ジャン・ピアジェ（一八九六～一九八〇）でした。

ピアジェの理論は、今日の保育者養成テキストでも定番の発達段階論です。たとえば誕生から2歳ごろまでを「感覚運動期」、2～7歳ごろまでを「前操作期」というように区分し、それぞれの時期に特有の認識世界があることを教えてくれます。赤ちゃんたちのモノをなめる行為や、いないいないばあに喜ぶといった、だれでも知っている姿が、いかに知的なものであるのかを理論的に示したのです。それによって、「無能」だと考えられていた乳児が、じつは「有能かもしれない」という認識をひろめることに貢献しました。

ただ、注意が必要なのは、ピアジェが子どもの「有能さ」をどう考えていたかです。それは単に、「赤ちゃんでもこんなすごいことができる！」という意味での「有能さ」ではないのです。ピアジェが子どもにみた「有能さ」は、彼女らが〝自律的〟であるということでした。〝自律的〟というのは、外部からの刺激やはたらきかけによる反応ではなく、子どもという生命体そのものから発せられる部分があるという意味です。それは、従来のヨーロッパ社会の子ども理解が、幼い子どもを無能とみなし、外側から厳しくしつけないと何も覚えない受身的な存在であると考えていたことへの批判だったのです。

●自律的だから〝まちがえる〟

ピアジェがとくに重視していたのが、子どもの〝エラー〟（誤り）でした。なぜなら、まちがえるということそのものが、子どもの認識活動の自律性をあらわしているからです。教えられたこと、おとながすでに知っているとおりのことを、ただ〝コピー〟することが学習なら、子どもはまちがえないのです。まちがうということは、子どもが自分でいろいろ考えているからなのです。

おとなは、ともすると子どもが〝正解〟すると強く反応し、ほめたり持ちあげたりしがちです。しかし、その正解は、おとなはすでに知っていることであり、正解という結果に着目しても新しい発見は期待できません。むしろ、想定しない答えが子どもから出てきたときに、なぜそう思ったのか、それはどうしてなんだろうと子どもに質問しながら、やりとりを展開していくことによって「子どものものの見方」が分かるのだとピアジェは考えました。つまり、〝エラー〟への着目は、思考の結果ではなく思考の〝プロセス〟を大切にするということにつながります。

(3)「有能な乳児」観

ピアジェは、その後の発達研究に比類ない影響を与えた巨人です。その思想の根本には、子どもの自律性や能動性に対する信頼がありました。ピアジェ理論によって、子どもの見方は大きく変わったといえるでしょう。ただ、ピアジェは子どもの認識活動や発達における「他者」や「社会」との関係をやや軽視したきらいはあり、その課題は二〇世紀後半に残されていきました。

一方で、ピアジェに対しては不幸な誤解もあります。彼は発達の〝結果〟（正解）を重視していたわけではなく、むしろ目の前で子どもが生みだしていく〝誤り〟（プロセス）のほうに、認識活動の本質をみていました。ところが、後の発達研究は、むしろ「いかに早く正答するか」への関心を強め、「ピアジェは子どもの能力を過小評価している！」という批判を宣伝文句のように使うようになりました。

こうした批判は、ピアジェが追求しようとした子どもの認知発達の自律性の問題を無視した的外れなものだと思います。「もっと早くできる！」は、とくにアメリカの研究者が好む考え方だったので、スイスのピアジェの研究所ではこれを「アメリカ的問い」と呼んでいたそうです。[1]

二〇世紀後半になると、新しい行動実験法、映像技術、脳科学的手法の開発などにより、日常では気づかれにくかった乳児の能力が「発見」されていきます。それらは、ピアジェからみれば〝正答主義〟に偏った研究だといえますが、結果として、「有能な乳児」という新たな乳児像がつくりだされていきました。

●「有能な乳児」が呼びこむ教育観

子どもへの学問的認識が深まり、乳児への社会的配慮がよりよいものになっていくとしたら、発達研究者としてはうれしいことです。しかし、ことはそう単純ではないようです。乳児を「有能な存在」としてみることは、彼女らの人格を尊重するという方向にもはたらきますが（とはいえ、有能だから尊重するというのはおかしいです。根本的に人権は能力とは関係なくすべての人間にひとしく与えられているはずです）、その能力をより早期に開発しようとする動きがでてくるわけです。乳児研究の成果が、過剰な早期教育を呼びこんできたのはまちがいありません。

乳児期におけるひろい意味での教育の価値を否定することはできません。ただ、より早く特定の能力を開発することが「よいこと」だという、一面的な教育観には疑問を抱きます。別の言い方をすると、乳児の有能さを強調しながらも、乳児固有の世界を知り尊重しようとするのではなく、年長の子どもやおとなとくらべて「有能か」「無能か」を議論することに違和感があるのです。

乳児からおとなまでを連続的にとらえようとする発達観、つまり、人間を能力の高低や機能の強弱の観点から同じモノサシ（尺度）を使って測ろうとする発達観は、じつは特定の文化的・宗教的特徴であり、代表的にはイギリスやアメリカの影響力のある一部の階層に典型的な考え方だといわれています。[2] しかも、多くの研究で、視覚的な反応や脳の生理学的変化といった限定的なデータから、乳児の有能さを語ろうとしている点にも問題があります。[3]

乳児は、視覚のような単一の感覚器官で自分の身のまわりを把握しているわけではないのです。乳児は、自らに与えられた固有の条件丸ごとで、日々を生きているのです。視覚に過剰依存する研究姿勢こそが、まさにおとな中心主義的な乳児像をつくりだすのではないでしょうか。脳は重要ですが、それも乳児に与えられた条件の一つです。むしろ、人間の乳児を理解する基本は、彼らが未熟であり、自分ではできないことだらけで、しかも発達がゆっくりだという事実ではないかと思うのです。その条件をせおいながら、乳児がどのように世界とつながり、未熟さを補って生き、少しずつ自由を手に入れていくのかを知りたいと思います。

2　乳児的世界の条件とは

（1）人間の赤ちゃんのユニークさ

人間の女性の妊娠期間は、約9か月半です。よく「十月十日《とつきとおか》」と言いますが、それは最終月経から数えて10か月＋初産だと遅れることも多いので余裕をもって10日を付けて表現した昔の人の知恵です。9か月半の胎内生活をへて、満期で誕生した新生児が、種としての通常の移動手段（独立二足歩行）とコミュニケーション手段（ことば）を手に入れるまでには、おおよそ1年もかかります。さらに、これらをある程度不自由なく使用できるためには、さらに1～2年もの時間を要します。その後も、10年20年と、自立には長い道のりがあります。人間とは、〝発達遅延〟を常態化させた種だと考えられています。なぜ、そんなに面倒な成長・発達過程をせおったのでしょうか。

動物（とくに四足動物）の子どもは、ウマやウシのように、誕生後間もなく自分で動きまわり、積極的に環境を探索することのできる〝離巣性《りそうせい》〟のタイプと、イヌやネコのように生まれたときは目も耳も閉じて、運動機能も弱々しく親（巣）に全面的に依存している〝就巣性《しゅうそうせい》〟のタイプに分けられます。人間はどうでしょうか。運動機能の未熟さからすれば就巣性に見えますが、視覚や聴覚などの感覚器官がよく発達している点は離巣性の動物と共通しています。環境を知るチカラ（認知機能）と環境にはたらきかけるチカラ（移動運動機能）とが〝ちぐはぐ〟な、不思議な赤ちゃんです。

●命がけの出産

ドイツの動物学者アドルフ・ポルトマンは、『人間はどこまで動物か』という本の中で、「生理的早産」という概念を提案しました。[4] 彼によれば、赤ちゃんの生存のためには、本来あと数か月間は胎内にとどまっていたほうがよいはずなのですが、ある理由で慢性的に早産するようになったのが人間という種です。その理由とは、子どもの脳が大きくなったことと、二足歩行によって女性の骨盤が変形して産道がせまくなったことの両方です。より長く胎内で成長してから出産すれば子どもの生存や環境適応にメリットがありますが、大きくなりすぎてしまうと出産のリスクが高まります。人類進化の過程で、子どもの生存と母親の生存のバランスを取った結果が、在胎9か月半・身長50センチ・体重3千グラム・脳重量400グラムという現生人類の新生児の姿なのです。霊長類の仲間、とりわけチンパンジーなどの大型類人猿の乳児も、その特徴を人間と共有しているのですが、医療技術が進歩した現代においてもなお、人間の母親と赤ちゃんにとって出産は命がけの仕事です。この難産の度合いは、霊長類のなかでも突出しているといえるでしょう。

人間の赤ちゃんは、その認知能力に比して移動運動能力が弱いです。外界に気づき関心をもっても、自ら探索することができない期間が長いのです。その意味では、とても不自由な存在です。しかし、人間の赤ちゃんには、知るチカラとはたらきかけるチカラのギャップを埋める機能があります。それは第一に、「見る」ことや「聴く」ことをとおして、動かなくても世界のひろがりや性質を経験し学ぶことが得意だということ。そして第二に、感情・情動のはたらきによって、他者を介して世界にはたらきかけることが得意だということです。次に、こうした人間の赤ちゃんの強みをいかす〝うまいしくみ〟についてみていきましょう。

（2）じつはすごい「仰向け」

人間の赤ちゃんは、胎児期からすでに自ら動いています。出生後も数か月にわたり、目を覚ましているときにモゾモゾしたり、バタバタしたりしています。これは、ジェネラルムーブメントと呼ばれる自発的運動です。このような運動を自発的と表現するのは適切ですが（心理学で自発的とは〝自然にそうなる〟という意味）、しばしば「赤ちゃんにも意志がある」といった表現が用いられているものも散見します。有能な乳児観に立てば、赤ちゃんのすばらしさを伝える方便として、そのように言いたくなるのも分からないではありません。しかし、いたずらに「意志」のようなおとな用語を用いることが、じつは赤ちゃんの体験世界から私たちを遠ざけていく可能性があります。

むしろ、その「姿勢」に注目してみることで、乳児的世界を垣間みることができるかもしれません。比較認知発達科学者の竹下秀子さんは、他の霊長類とくらべて人間の赤ちゃんの仰向け姿勢が安定していること、また、それが長期にわたって存続することに注目しています[5]。霊長類の発育発達は、他の哺乳類にくらべて全般的に遅いことが知られています。乳児が未熟であることは、人間だけでなく、霊長類に共通の性質です。竹下さんはさまざまな霊長類の仲間と人間の乳児の姿勢反応の発達的変化を比較検討し、多くの共通点があることを明らかにしています。

たとえば、霊長類の手は、重力に抗して身体を支える機能（乳児を持ち上げて不安定にしたときに地面に手をのばして身体を支えようとする姿勢反応、**絵1**参照）を獲得したあとに、環境内の事物にはたらきかける機能（手のばしや対象操作、**絵2**参照）をそなえるようになります。この流れは、多くの霊長類の一般法則とし

絵１　手で身体を支えようとする姿勢反応

絵２　モノに手をのばす

て抽出できるものです。

●安定した仰向け姿勢

一方で、種間には興味深い相違もあったといいます。人間の場合、地面に背中をべったりとつけた「安定した仰向け姿勢」が、生後約半年にわたって見られるところに大きな特徴があります。ニホンザルの乳児では、仰向けに寝かせると手足をバタバタさせて寝返ってしまうこともあるそうです。チンパンジーやオランウータンの乳児は、生後1、2か月は寝返りはしませんが、やはり手足をバタバタさせて居心地がわるそうなのです。

霊長類の乳児にとって、生後しばらくのあいだは常に母親にしがみつき、抱かれるというのが自然です。ですから、仰向けに寝かされるというのは不自然な姿勢を強いられていることになり、手足をバタつかせたり、悲しげな声を上げて、母親に抱かれることを求めるのです。これに対し、人間の赤ちゃんは出生後まもなくから一日の大半の時間を母親から離れて過ごすのが一般的です。その際、仰向け姿勢のまま安定できるという特徴は理にかなっています。生後半年くらいの子の背中をみると、肩からおしりにかけてペッタンコです。身体はうまくできているものだなと、つくづく思います（**絵3**）。

絵3　人間の赤ちゃんは仰向けがじょうず

●母子一体というよりむしろ、母子分離的

人間の赤ちゃんの生活は、母子一体的なものというよりも、霊長類の仲間からするとむしろ母子分離的な特徴こそが注目されるべきでしょう。もちろん、身体接触がさまざまな意味で重要であるのはたしかですが、人間のおとなは他の大型類人猿にくらべてはるかに低筋力ですし、直立二足歩行は腰部への負担が大きく、子を抱いて移動するのは楽ではありません。それゆえ、さまざまな道具（だっこひも、ゆりかご、乳母車など）を用いて、育児を行ってきたわけです。こうした人間の子育ての性質を、発達行動学者の根ヶ山光一さんは「離れつつ保護する」と表現しています。[6]

（2）赤ちゃんの姿勢が開く三つの空間

養育者への身体的負担を軽減するという意味ばかりでなく、安定した仰向け姿勢は、人類の精神発達と本質的に結びついていると考えられます。それは、心の発達を支えていく三つの〝空間〟を開くのです。

●モノとかかわる「操作空間」

一つは仰向け姿勢のまま安定できるということが、両手の自由度を高めるということです。竹下さんによると、他の霊長類の乳児にくらべて、人間の赤ちゃんは安定した姿勢保持によって、多様で複雑な手の操作を早く発達させることが可能になっています。生後4、5か月ごろになると、玩具などに手をのばすようになり、短いあいだですが、それを操作するようになります。しかし、その月齢ではモノを操作できる時間はとても限られていて、むしろほとんどの時間は「自分の身体」の探索に向けられているというのも興味深い事実です（指しゃぶり、ハンドリガード[7]、手もみ、足もち、足しゃぶりなど）。いずれにしても、仰向け姿勢は、赤ちゃんの手の自由を支え、モノや自分の身体を探索することを可能にします。仰向けによって開かれる空間を、ここでは「操作空間」と呼んでおきましょう。

●人とかかわる「情動空間」

さらに、仰向け姿勢は、赤ちゃんが他者からはたらきかけられること、つまりは「してもらう体験」の基盤となっています。生後2、3か月ごろになると、人の顔を見たり、話しかけられたりするとニッコリほほえむ姿がみられるようになります。4、5か月には、ほほえむだけでなく、声を上げたり、全身をリズミカルに動かしたりする姿があらわれます。

絵4のように、安定した仰向け姿勢は、赤ちゃんと他者の身体が空間をへだてて出会い、リズミカルな動きや情動的に抑揚のついた声を交感することをうながします。もし、他の霊長類のように、生後自立移動ができるまでは母親が肌身離さず乳児を抱いていたり、仰向けにしたとしてもすぐに寝返りをしてしまったりするならば、赤ちゃんは多様な他者と身体的・情動的な交流をすることがむずかしくなります。人間の赤ちゃんの仰向け姿勢は、多様な他者からのはたらきかけを誘い、身体的・情動的な交流を生みだす空間をつくります。これを「情動空間」と呼びたいと思います。

絵4　仰向け姿勢が開く対人交流

絵5　おにいちゃんと同じものを見る

●三角形をつくる「共有空間」

仰向け姿勢で四肢をリズミカルに動かし、全身を使って他者と交流する姿が見られるようになるころ、赤ちゃんは新しい姿勢を手に入れます。それが両手支持によるうつ伏せです。この姿勢はやがてハイハイにつながるものですが、はじめはかならずしも移動に適した姿勢ではありません。移動するなら仰向けのまま回転するか、寝返りのほうが楽でしょう。両手支持によるうつ伏せは、むしろ、赤ちゃんに新しい「視点」を与えるものと思います。

絵5のように、この姿勢は他者とのあいだに三角形の空間をつくるのに適しています。赤ちゃんとおにいちゃんは、地面のカエルを見ていますが、そこに両者とモノを頂点とした三角形ができます。このような三角形は、仰向け姿勢が可能にした「操作空間」（モノとのかかわり）と「情動空間」（人とのかかわり）を統合して、他者とモノやコトを共有する「共有空間」と呼べるものです。共有空間は、ハイハイ、おすわり、歩行と赤ちゃんの姿勢・運動の仕方が変わっていくにつれてひろがり、やがてことばを生みだす重要なコミュニケーション様式である「三項関係」へとつながります。

(3)「見る」ことの志向性

人間の赤ちゃんは、他の動物が早くから手に入れる自由、つまり環境内を自分で動きまわる探索の自由から遠ざけられています。能動的な外界探索は、移動運動の自由度が上がるハイハイの習得を待つしかありません。それは生後半年から1年ほどもかかる長い道のりです。赤ちゃんは、この長い不自由の時間をただ耐え忍んで生きているのでしょうか。

先に紹介した竹下さんは、こうした身体的条件が、人間の赤ちゃんにとって、むしろ「見る」ことそのものを能動的かつ実践的な活動にしたと指摘しています。「能動的かつ実践的」というのは、「見る」ことがただ外界の情報を受容するにとどまらず、「見る」ことによって意識を外界にひろげ、「こうかな」「こうしたい」「こうしたらどうなるだろう」と興味・関心を高め、想像するチカラが引き出されていくという意味です。こうした意識の性格は、少しむずかしい表現ですが、「志向性」といわれます。

志向性の存在と外界探索の不自由という矛盾が、人間の赤ちゃんに与えられた存在論的条件(人間の赤ちゃんの本質)であり、彼らはその矛盾の中を日々生きているのです。そうした赤ちゃんにとっての「見る」という実践を、単に視覚刺激への反応として理解するのでは、彼らの生活世界に近づくことはできないでしょう。

●赤ちゃんにとっての「見る」ことと「聴く」こと

自由に動きまわることのできるより大きな子どもやおとなとちがい、赤ちゃんにとって世界のひろがりを実感できるのは「見る」こと、「聴く」ことによってです。乳児は、対象を食い入るように見、執拗に追いかけます。何か音が聴こえると、音源に向けて懸命に耳をそばだて、首を動かそうとします。それによって、物理的には「ここ」にとどまるしかない身体から、意識を外界に拡張しようとするのです。少し風のある晴れた日、揺れる木の葉を見て、赤ちゃんの身体はあの遠くの木の葉になったような気がして、揺れます。こずえからひびく小鳥の鳴き声に、空間のひろがりを感じます。自分では動けないし、その場所へ行けないけれど、見たり聴いたりすることで、赤ちゃんはその身体的制約から一時的に解放されていきます。

対人的にも、独特の抑揚のついた語りかけに身体がリズミカルに反応したり、他者の身体動作に対して共鳴・同調的に反応するなど、物理的に離れていても、赤ちゃんの「見る」「聴く」は周囲環境と実践的にかかわっています。

そして、そうした赤ちゃんを前に、まわりにいる人は、この子のために何かしたいと思ってしまうのです。私たちは、赤ちゃんが生後2、3か月にもなれば、外界の対象をボンヤリと見ているのではなく、キラリと光る眼、力のこもった姿勢、そして声の情動的トーンから、彼女らが「興味をもっている」「欲しがっている」という志向性を感じとります。そして、「これが欲しいの？」「もっと見たい？」と、まわりの人が赤ちゃんのかわりに動いてあげるのです。

3　人間の子どもの「自由」はどう発達するか

「主体性」と同様に、人間の子どもにとって「自由」とは何なのかを考えることは、保育実践の土台としてとても重要なテーマです。なぜなら、それが子どもの権利を守るための認識の基盤をつくると考えるからです。子どもを親の従属物とみなしたり、おとなの指示に従うべき存在と頭から決めてかかったのでは、子どもの権利保障は期待できません。かといって、子どもがおとなと同じように物事を認識できるからとか、おとなと同じように自己決定できるからというように、その権利の根拠をおとなとの能力的な対等性に求めることもできません。そうではなく、いずれおとなになる可能性を内包しつつ、おとなとは異なる「子どもらしさ」そのものに、子どもの権利の根拠を見いだす必要があります。「子どもらしさ」とは、すなわち〝未熟〟であることです。

私たちの身体が、つねに新しく若い細胞をその内側に生みだすことによって生命を維持しているように、社会も、その内側にかならず未熟な存在を必要とします。社会にとって、未熟さとは、それじたいが不可欠な価値であり、役割なのです。未熟さという社会的役割をになっている子どもにとって、主体性とは何か、自由とは何か、それらはどう育つのかを問う必要があります。

（1）探索的自由

さて、動物にとっての自由とは何かと問われれば、ひとまずそれは「探索的自由」であると答えておきましょう。探索的自由とは、環境内を自分の身体を使って動きまわり、生存に有利な行動を遂行できるということです。動物は植物とは異なり、じっとしていては生きていけません。探索的自由は人間にも共通する、まさに動物であることの証です。

しかし、人間の自由は、探索的自由の単線的な延長上にはないと考えられます。なぜなら、人間の精神発達というのは、自分では動けない赤ちゃんの段階から、物理的世界の制限をこえようとする志向性をそなえているると考えられるからです。それが、人間の想像力の源です。物理的制限の先に意識を拡張しようとするとき、子どもにはいろいろな矛盾が生じます。それが「やりたいけど、できない」という葛藤とか、「やりたいけど、いまはやらない」という欲望の遅延などとしてあらわれます。子どもにとっての自由は、「何でも思いどおりになる」ことではなく、矛盾を経験し、それを乗りこえようとするところに経験されるものです。

霊長類、とくにチンパンジーにおいては、現実以上の何かに対する認識が萌芽していることを研究は示唆してきました。たとえば、身体と対象を媒介する道具の製作や使用（棒によるシロアリ釣り、葉をコップのように使って水を飲むなど）、原初的な芸術活動（多彩色で個性のある描画など）といった姿に認められます。大型類人猿にも、人類と同じように、矛盾を乗りこえることによる自由の感覚があるのかもしれませんが、いまはよく分かりません。

（2）拡張身体的自由

人間の発達は、探索的自由がほとんどない状態からはじまります。しかし、志向性の存在と、それを自分のかわりに実現してくれる他者の存在によって、自由を経験します。それを、「拡張身体的自由」と呼びたいと思います。拡張身体的自由とは、現実の身体的制約をこえて、他者や外界にはたらきかけることです。これは、探索的自由に先んじて赤ちゃんに与えられることに発達的な意義があります。なぜなら、もし先に探索的自由が十分発達してしまったら、幼い子どもにとって人を頼りにすること、コミュニケーションをとること、想像の世界をふくらませることの必要感と必然性がもっと小さくなってしまうからです。

拡張の仕方には、大きく二つあります。一つは、ほほえみかけたり、声を上げたり、泣いて身体をこわばらせたりという姿勢・情動的な表現を介して、拡張身体としてのおとなの身体を動かす方法です。これは、自分から離れた別の身体を動かすという意味で、「遠隔操作的拡張」と呼んでおきます。具体的には、おっぱいが欲しい、だっこしてほしい、オムツが気持ちわるいといった生存に直接かかわる欲求を満たそうとするときや、姿勢を変えたい、視点を変えたいといった好奇心を満たすときの姿を思い浮かべることができます。

●他者の食べるレモンの酸っぱさ

いま一つは、身のまわりで起こったできごとに共鳴したり、他者の体験を自分のことのように感じる方法で、「擬似体験的拡張」と名づけておきたいと思います。たとえば、悲しみの意味が分からなくとも、子どもは泣くことで場に参加することができます。祖父の葬儀に参列した幼い子どもは、いつも遊んでくれたおじいちゃんの死を理解することができず、親せきがたくさん集まった場でむしろはしゃいだりします。しかし、いよいよお別れとなったとき、周囲の人びとが涙を流す様子を見て、自分も急に泣きだすことがあります。

もっと幼い子にも、興味深い姿が見られます。**写真1**は、生まれてはじめてレモンを食べた6か月児が、だれかが真顔のままレモンを食べる様子を見て、自分が酸っぱいような顔をしたというエピソードです。[8]私はこの現象について、より厳密な方法で実験を行ったことがあります。[9]その結果、多くの乳児において同様の姿が観察されることを確認しました。一番小さい子は、生後5か月でした。

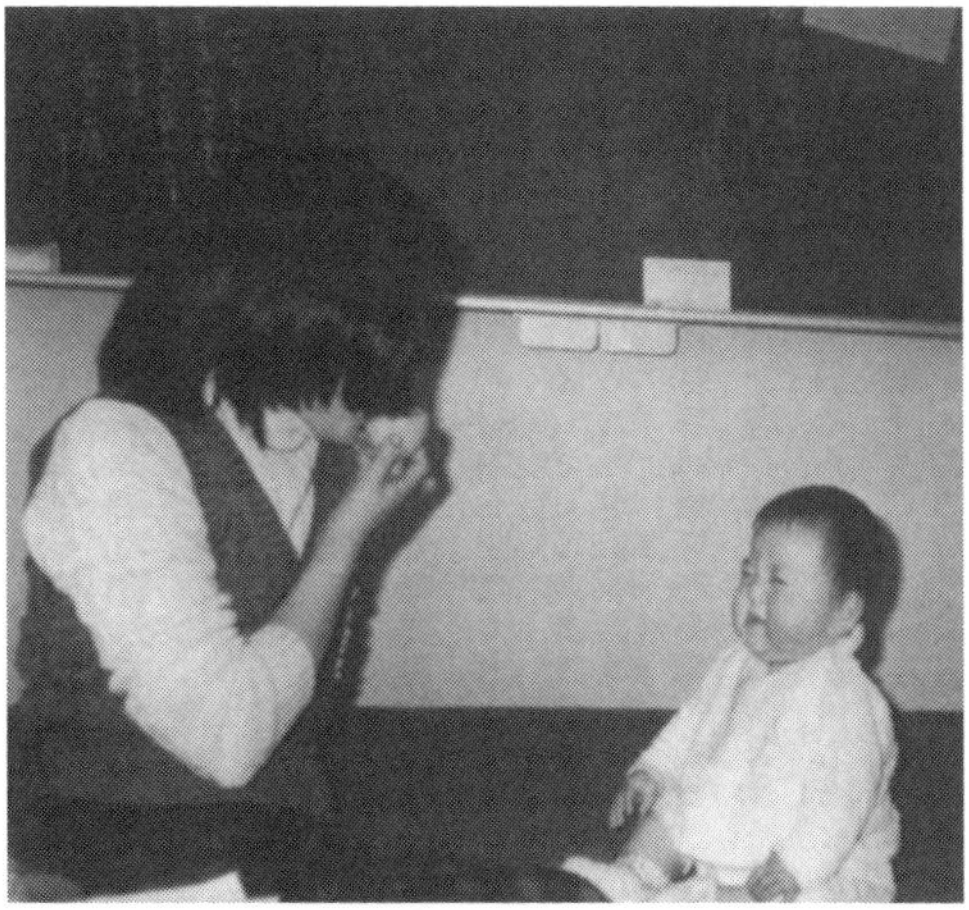

写真1　真顔でレモンを食べるとおとなを見て酸っぱそうな顔をする6か月児

レモンを食べた経験のない子は、目の前でレモンを（真顔で）食べる人を見ても、ほとんど何の反応も示しませんでした。レモンを食べた経験をもつ子にだけ、自分も酸っぱくなってしまったような表情や身体反応（のけぞる、頭をかきむしるなど）を示したのです。また、レモン経験のある子でも、レモンだけを見せても反応はありませんでした。「人がレモンを食べる」という姿に、反応しているものと考えられます。

葬式の例は、他者の悲しみの感情表現に接して、自分も悲しくなってしまうというエピソードで、〝情動伝染〟といわれる現象です。しかし、レモンの例は、相手は真顔のままですから、単純な情動伝染では説明できません。赤ちゃんの心理過程を説明するとしたら、相手がレモンを食べるという状況を見て、「自分の過去経験が呼びさまされた」とでもいえるでしょう。私はこの現象を〝擬似酸味反応〟と名づけることにしました。

●自分ごととしての羽化

擬似体験的拡張の例として、もう一つ取り上げておきたいのが、〝融即《ゆうそく》〟です。たとえば、こういう例があります。ある園で、廊下で飼育していたアゲハチョウのサナギが羽化をはじめました。3歳の男児が、それを熱心に観察していたのですが、給食の時間になりました。担任はいったん給食を食べるようにうながしますが、男児は飼育ケージから離れません。そこに園長がやってきて、「とことん見せてあげたら？　給食はあとで食べればいいんだし」と伝えました。男児は観察を続けました。やがて、サナギからチョウが出てきて、羽をフワッとひろげたところで、その子の目からポロリと一滴の涙がこぼれました。そして、かたわらで見守っていた園長のほうを向いて、「かんどうした」と告げたそうです。

融即というのは、子どもが外界の対象に見入ったり、聴き入ったりすることをとおして、自分と対象との境界が溶けたようになり、混然一体とする現象をさします。男児の涙は、男児自身の感情であると同時に、一生でもっとも危険な仕事をなしとげようとするチョウの安堵ともかさなっています。おとなになっても、ときにこうした心理が生じるものですが、幼い子どもはつねに融即に開かれた存在といえます。

情動伝染、擬似酸味反応、融即といった現象は、どれも他人ごとと自分ごとの区別があいまいになる例です。自分と相手との境界があいまいになってしまうというのは、精神が外界から独立することを成熟とみなす発達観からすると、いかにも未熟な姿です。しかし、社会的存在としての人間にとって、「外界から独立した自己」などというものをつくりあげてしまうほうが、はるかに不自由で、発達可能性を閉ざしてしまうものではないでしょうか。少なくとも、幼少期には、自他未分化であるということが、人間にとって自由とは何かを考えるうえで重要な事実であると考えられます。

（3）まとめ——自由の発達

人間にとっての自由は、他の多くの動物と異なっています。その発達的な展開を**図1**に示しました。動物では、より小さい探索的自由が、発達とともに増大していきます。就巣性の動物の場合は、生後しばらく探

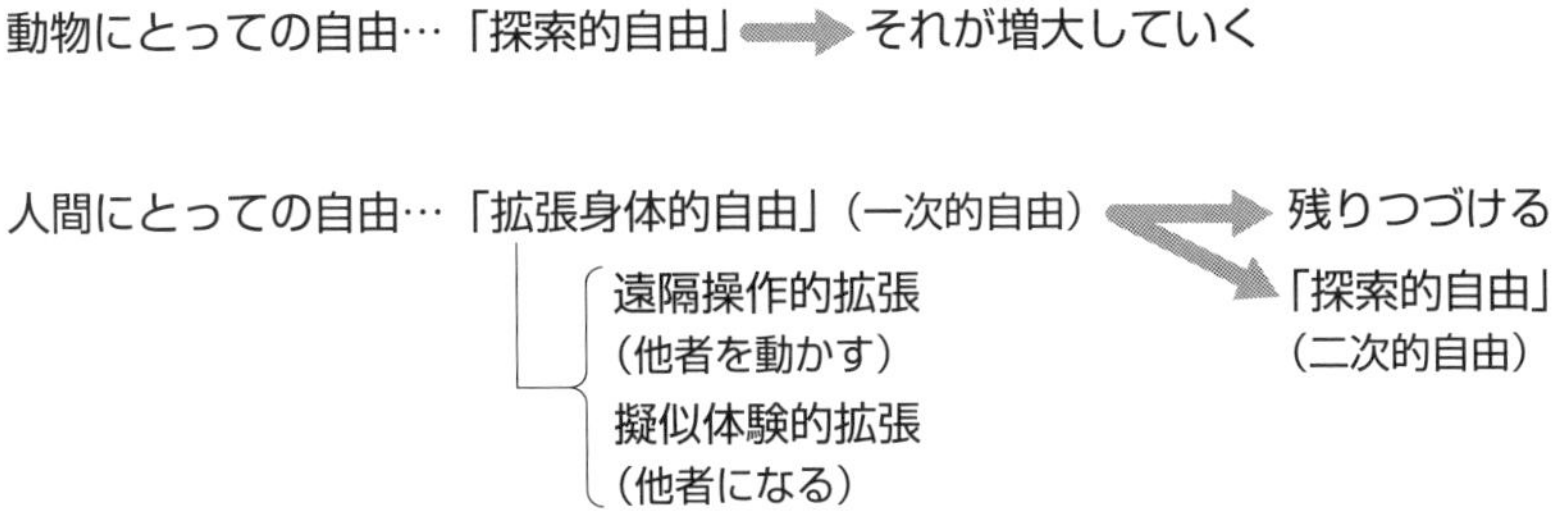

図1　「自由」の発達的展開

索的自由は微弱ですが、同時に感覚器官のはたらきも微弱であり、環境内の情報処理も限られています。また、社会性の高い動物の場合、各個体の行動は性別や群れの順位などによっても左右されますが、物理的には探索的自由は生後早い時期から保障されています。

人間の場合は、誕生後間もなくから感覚器官がはたらき、環境情報を活発に処理しますが、自分で動くことはできません。そのギャップを、赤ちゃんは姿勢・情動のはたらきによって埋めようとします。それが人間にとっての一次的な自由、すなわち拡張身体的自由です。人間の子どもは、自分でやれるようになる前に、長い間他者を介して自由を得ているのです。生後数か月から1年ほどたって、子どもは動物と共通する探索的自由を手に入れます。でもそれは、動物と同じものではなく、拡張身体的自由を土台にした、二次的な自由としての探索的自由なのです。

「ほら、見て！」と、幼児が探索の結果を他者と共有したがるのは、探索的自由の基盤に、他者を介した精神活動としての拡張身体的自由があるからではないかと想像します。人間は生涯にわたって、知ったこと見つけたことを、「他者と分かちあいたい」と動機づけられます。自由とはつねに他者との関係としてあらわれるというのが、発達論的にみたときの人間の自由ではないかと思います。

第4章　してもらう、する、してあげる、させてあげる

1　社会から自己へ

(1) ある2歳児の「ふしぎ」

以前、家庭訪問型の研究で、Nちゃんという女の子と出会いました。Nちゃんとはじめて会ったとき、彼女はたしか生後5か月になったばかりだったと思います。アーモンド型のきれいな目をしたこの子の第一印象は、よく人を観察する子だなぁというものでした。Nちゃんはその後、私に子どもの発達のおもしろさや不思議さをたくさん教えてくれましたが、初対面のときはおとなしくお母さんに抱かれ、まわりの人びとをじーっと観察する静かな子でした。

家庭訪問型の研究というのは、数か月から数年のあいだ、定期的に家庭にうかがい、親子のかかわりや食事などの日常生活場面を観察したり、保護者にインタビューを行ったりする方法です。いきおい協力者とは

ずいぶん仲よくなります。私の場合、観察後に食事をいただいたり、「ちょっと川田くんごめん、洗濯機2回まわしたいんだけど……」と子守りを頼まれたり、休日に訪問した際にはお父さんからビールに誘われて断れず、酔っぱらって帰るといったこともしばしばでした。

じつは、そういう余白のような時間に、親子の日常が立ちあらわれるのです。カメラがまわっているあいだの親子の姿が、カメラが止まった瞬間に変わり、いっしょに食事をしているあいだに「あっ、このやりとり、このふるまい、このことばこそ記録したかった！」ということもよくあります。そう考えると、職業研究者による発達研究のもとになっている一次資料というものにも、ちょっと疑問が出てきます。子どもたちのよそいきの顔を記録していることも、あんがい多いのかもしれません。

〈ワタシ〉と〈アナタ〉

あるとき、観察後にお母さんが私の食事の支度をしてくれていると、2歳3か月になったNちゃんの口から思わぬ問いが発せられました。

「チャーチャガ　ワタシノトキハ　Nガ　アナタデ、Nガ、ワタシノトキハ、チャーチャガ、アナタナノ？　フシギダナァ」

はじめ、私は彼女が何を言っているのか分からなかったのですが、台所からお母さん（チャーチャ）が教えてくれました。最近、Nちゃんは〈ワタシ〉と〈アナタ〉というものが、話し手が変わると交替するということに気づいて、何度も不思議がってこのように言うのだというのです。お母さんが言ったことをまねして反復しているのでは、と思ったのですが、そうではないということでした。

話者によって〈ワタシ〉と〈アナタ〉が交替するというのは、文法的には人称にかかわる問題です。一人称がワタシ、二人称がアナタ、三人称はそれ以外です。人称は、会話において、ある種の「役割」を表現するものです。同じ個人でも、「話す」ときには〈ワタシ〉という役割、「聴く」ときには〈アナタ〉という役割をにないます。人称を使うということは、私たちがつねに二重の存在として生きていることを意味します。ふだん、おとながとくに何も考えずに使っているワタシとアナタという語ですが、子どもにとっては人間社会のしくみを知るための重要な手がかりになっているのだろうと思います。

（2）身体の対話的関係

こうした人称的・役割的世界に子どもが入りはじめるのはいつごろからでしょうか。ことばとしてボクなどの人称詞（自称詞）を使うようになるのは、けっこう個人差やジェンダーの問題がありますが、だいたい3歳ごろからだろうと思います。ただ、実際はそれ以前から、具体的な行動や身体感覚によって、子どもは人称的・役割的な関係を把握しはじめているのではないかと思います。その源泉は、授乳、だっこ、オムツ替え、着替え、食事、顔や口をふいてもらうこと、耳掃除や爪切りといった、日常生活的やりとりのなかにひそんでいるでしょう。

アラン・フォーゲルという乳児研究者が、ある文献の中で「赤ちゃんと養育者は〝努力の交替〟をしながら育児行為を成立させている」ということを書いていたのを思い出します。[1] たとえば、お母さんが赤ちゃんの両手を持って仰向けからお座りにさせてあげるようなとき、私たちは「お母さんが赤ちゃんを起こした」

と考えています。しかし、実際に赤ちゃんがお座りをするまでのお母さんと赤ちゃんの筋肉のはたらきを分析してみると、そこには身体的な対話が成立しているというのです。つまり、仰向けからお座りまでの数秒の間に、お母さんが力をこめている時間帯もあれば、赤ちゃんのほうが力をこめている時間帯もあり、それが絶妙のバランスで交替することによって、赤ちゃんがうまくお座りできるそうなのです。もちろん、おとなが無理やりグイッと赤ちゃんを起こすこともできるわけですが、そうすると赤ちゃんには心地よくないので、きっとぐずってしまうでしょう。仰向けからお座りへという姿勢転換一つとっても、そこには赤ちゃんの生活の質（QOL）がかかわっているわけです。

（3）他者中心性にはじまる人間発達

赤ちゃんの身体は人との関係を把握していきます。「把握」というのは、「理解」の仕方の一つを意味しますが、一般に「理解」というと「分かっていることを分かっている」状態（メタ認知ともいいます）であるのに対して、「把握」とはより直感的なものを指します。赤ちゃんが何も分からない人であるならば、心地よい状態で笑ったり、居心地がわるくてむずかったりはしないのです。「理解」は、頭の中だけで完結することもできますが、「把握」は、このように、情動的な表現をともないます。赤ちゃんが「これイイ感じだな」「あれ、なんかイヤだな」ということを「把握」（＝表現）できないと、他者と対話的な関係をきずくことがむずかしくなります。

授乳やだっこ、お座りする動作などは物理的なスキンシップがありますから、身体が関係を把握するという言い方も比較的理解しやすいと思います。しかし、ことはそれにとどまりません。赤ちゃんの身体は、他者から離れていても、他者との関係を把握しようとするようです。それが、前章でみた擬似体験的拡張（70頁）にかかわる諸現象です。チョウの例にみたように、それは対人的なものにとどまりません。動物、木の葉の揺れ、川の流れなどの自然に対して、あるいはぬいぐるみや自動車などのモノに対しても起こります。

●〈自己から社会へ〉

幼い子どもが、あらゆるものに心や命があるとみなす心性《しんせい》は、アニミズム（汎心論）と呼ばれてきました。たとえば、夜空の月を見ながら歩いていると「お月さまが追っかけてくる」と言ったり、低くたれこめた雲からしとしとと雨が降るのを見て「お空が泣いている」と言ったりすることがあります。

アニミズムを幼児の発達段階に位置づけたピアジェは、これを子どもの自己中心性（自己の視点に固執し、他者視点や客観的視点を取ることができないこと）のあらわれと考えました。この見方は、発達的に「自己」が先にあり（形成され）、「自己」を基準にして「他者」や「社会」を理解するようになるという、〈自己から社会へ〉という発達観です。

●〈社会から自己へ〉

この考え方に対して、旧ソヴィエトの心理学者・ヴィゴツキーは、人間の発達は最初は社会的な水準で生まれ、後にそれが自己のものとして内面化されるという、〈社会から自己へ〉の過程であると論じました。たとえば、ことばは、はじめ他者とやりとりするための道具として発達し、やがて、自分の行動を調整したり思考のために使えるように発達します。フランスの医師であり心理学者であったワロンも同様の発想をしていますが、とくに情動的な交流が人間の子どもを社会的な混淆《こんこう》意識（自分と外界が溶けあったような意識）

に巻き込むことが、社会に開かれた自己意識（自我）を生みだすと考えました。

近年、ＡＩ（人工知能）の発達によって、育児・保育ロボットは可能かどうかが本気で議論されるようになっています。人間の自由の本質が、他者を介した自由であることを述べる本書の立場からすると、育児・保育ロボットの可能性を否定することはできません。そもそも、人間には、他の四足動物（馬など）の力を借りることによって、拡張身体的自由（69頁）をひろげてきた歴史があります。現代ではバイクや自動車、あるいは介護現場で導入されているパワースーツなどの機械が、その自由をさらに拡大しています。何かを媒介して自由を得ようとする人間の本性からすると、ロボットが育児・保育の生活領域に入ってくる可能性は十分に考えられるのです。しかし、人間の赤ちゃんの「把握」に細やかに応答し、社会に開かれた自己意識を育むことのできるロボットとなると、そう簡単につくれないだろうとは思います。

●意識が「自己」からはなれること

ところで、スタジオジブリに『崖の上のポニョ』という作品があります。当時、主人公のポニョや宗介と同じ5歳だった娘と映画館に行ったのですが、途中から作品そのものよりも、客席の子どもたちの反応に目が向いてしまいました。ポニョが禁断の薬を飲んで人間になり、宗介に会うために海からやってくるとき、ポニョのきょうだいたちが金色の魚になってポニョを海上に押し上げるシーンがあります。そのとき、隣に座っていた娘もほかの子どもたちも、魚たちの律動的な動きに合わせてゲラゲラと笑いだしたのです。魚たちとポニョが海上に飛びだしてくるところで笑いは最高潮になり、なかには「あぁーっ！」と雄叫びのような声を上げて、客席から何人も飛び上がるように立ち上がったのです。感動的な光景でした。

自分への意識をしっかり維持していれば、このように対象（ポニョやポニョのきょうだい）の動きにのめりこんで飛び上がることはないのだろうと思います。子どもたちの意識は、「自己」からはなれて、「他（者）」へと拡張されているのです。人間発達は、自己中心的というよりも、むしろ〝他者中心的〟にはじまるといってもよいかもしれません。[2] 不思議なことに、他者に意識がひろがっていっても、自己疎外感が生じるわけではないのです。むしろ、そこには自己をこえたものと身体を介してつながっているという、安心感や満ちたりた感じがないでしょうか。

幼稚園や保育園でも、絵本の読み聞かせなどをしていると、のめりこんだ子がおもわず立ち上がったり、近づいてきて絵本にさわったりすることはないでしょうか。それは、子どもの意識が「自己」の外側に出ようとしているあらわれかもしれません。

2　主体性の発達とは何か

（1）〈してもらう〉からはじまる

人間の発達は、最初から他者や外界の対象との関係を不可欠として展開する、〈社会から自己へ〉の過程です。はじめから「独立した自己」があり、それが発達とともに他者・社会とつながるようになるのではありません。どうやっても、関係がある（つながった）ところからしか出発することができないのです。したがって、人間の主体性の発達というものも、最初から関係的な過程として理解される必要があります。そのため、**第2章**では、主体性を「その子どもが周囲とのあいだに結んでいる関係の状態」と定義しました。この「関係の状態」が、どう変化していくかということが、主体性の発達の問題になります。主体性の発達を考えるために、二つの前提を確認しておきたいと思います。

第一に、どんなに未熟な赤ちゃんであっても、彼女らには主体性を認めることができるという前提です。前に検討した極論の一つのように主体性を「自分の意志・判断で行動しようとする態度」（28頁）としてしまうと、赤ちゃんにそれを認めることはむずかしくなります。さらに、主体性の発達を考えることもむずかしくさせてしまうのです。なぜなら、「主体性がない」状態から「主体性がある」状態に発達することになり、「無から有を生みだす」という科学のタブーをおかすことになってしまうからです。

ぎゃくに、赤ちゃんをまるで「小さなおとな」のようにみなして、おとながもっている資質や能力のミニチュアのようなものが生得的にそなわっているのだとする見方を採用することも適切ではありません。これは〝個人還元論〟であり、資質や能力をどこまでも個人のなかに閉じこめることになってしまいます。サルが、与えられたラッキョウの〝皮〟をむいていくうちに、何もなくなってしまうように、主体性の起源を赤ちゃん個人、身体、筋肉、脳、細胞……とさかのぼったとしても、どこにも見つけることはできないのです。主体性とは、〝実体〟としてさわれるものではなく、あくまで〝関係〟として把握され、理解されるものです。

これまでみてきたように、幼い赤ちゃんでも確実に他者と関係を結ぶことができます。関係を結ぶことができる存在が、主体です。ただし、人間の赤ちゃんの場合、自分で外界にはたらきかけられる部分はきわめて限られており、むしろ、「はたらきかけてもらう」ことによって命をつないでいます。そこで、主体性の発達のはじまりである「関係の状態」を、ここでは**〈してもらう〉**と表現しておきたいと思います。

〈してもらう〉を出発点に位置づけることにより、赤ちゃん自身が何かを意図的に判断して行動するかどうかとは無関係に、「他者からのはたらきかけ」を起点として、主体性の発達を描いていくことができます。赤ちゃんにとって、通常はより発達した他者との出会いが用意されており、赤ちゃんの主体性は、その他者に〈してもらう〉ことによって歩みだすのです。

（2）それはおとなにも

第二に、主体性の発達は、赤ちゃんから子ども・おとなへと、一回だけ展開する一方向的なものではないという前提です。赤ちゃんがふむ主体性発達のステップは、大きくなっても、またおとなになっても、何度もふみなおすものです。主体性は「関係の状態」なので、相手や環境や場が変わると、発達がもどる可能性があるからです。

これは、いわゆる「能力」の発達とは根本的に異なるものです。能力の発達は、標準化されたテストなどによって、個人にそなわったスキルとして測定することができます。しかし、スキルがどんなに有能な人でも、その人をいかす環境になければ、能力は潜在的なままです。また、ある職場で経験を積んで活躍した人でも、別の職場に移ってしばらくのあいだは、むしろ教えてもらうことのほうが多くなります。こうした状態は、個人がどんな能力をもっているかとは別の側面であり、これこそが「主体性」の問題になります。

入ってきたばかりの人が、新しい環境や人間関係にはお構いなしに動きまわるのが主体的というわけではありません。最初は、声をかけてもらったり、配慮してもらうことによって、その人は新しい場での役割をになうというのが通常です。つまり、そこでの主体性は、まず〈してもらう〉というかたちであらわれます。

それがやがて、関係のなかで能動的に〈する〉という姿となっていきます。

このように、主体性の発達の特徴は、能力発達とは異なり、赤ちゃんからおとなまで、共通するステップを何度もふみなおすところにあります。

3　主体性の四つのかたち

（1）層のように積みかさなる

〈してもらう〉という主体のあり方に、主体性のはじまり（基盤）を位置づけることによって、赤ちゃんから一貫した主体性の発達論を構想することができるようになります。〈してもらう〉からはじまる主体性には、以下に述べるような四つのかたちが想定され、発達的な順序性があるとともに、より大きな子どもにとってもおとなにとっても、新しい環境や関係においてはそのステップをふみなおすという特徴があります。

その四つのかたちとは、〈してもらう〉〈する〉〈してあげる〉〈させてあげる〉です。

人間の主体性の発達は、他者との関係において一見「受け身」のような姿としてはじまります。あやしてもらい、抱いてもらい、授乳してもらい、オムツを替えてもらい、移動してもらい、姿勢をかえてもらう。こうした〈してもらう〉主体性は、赤ちゃんの拡張身体的自由（69頁）を満たします。

やがて、知るチカラとはたらきかけるチカラが一致しはじめるにつれて、自分で環境内を探索することに

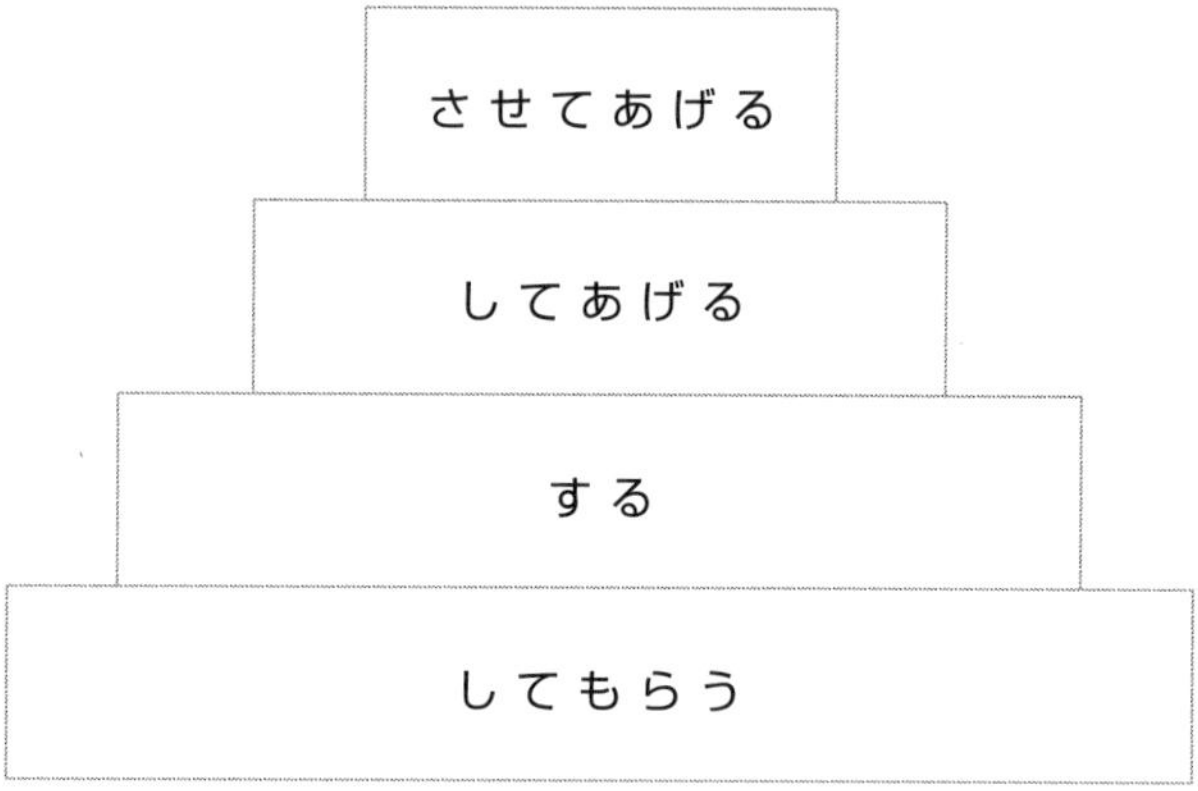

図1　主体性の四つのかたち

代表される〈する〉主体性が優位になっていきます。ほぼ同じころ、今度は自分から他者に対して**〈してあげる〉**ようにもなっていきます。

そして、三つの主体性のかたちを総合するようにして、**〈させてあげる〉**があらわれます。

四つの主体性は、**図1**のように層として積みかさねられるイメージで、原則としてより下の主体性が上の主体性を支える関係になっていると考えています。

たとえば、〈してもらう〉という、存在そのものが受容される主体性が認められていないと、自ら積極的に環境にはたらきかける〈する〉はあらわれにくいと考えられます。ただ、〈する〉と〈してあげる〉は能動性の異なるあらわれ方で、〈してあげる〉が〈する〉のかわりになっていることもあります。しばしば、「人のことはいいから自分がやったらいいのに」という姿がありますが、その子にとってみると何らかの理由で、自分で〈する〉よりも、他者に〈してあげる〉ことで能動的な主体性を発揮しているということもあるのでしょう。

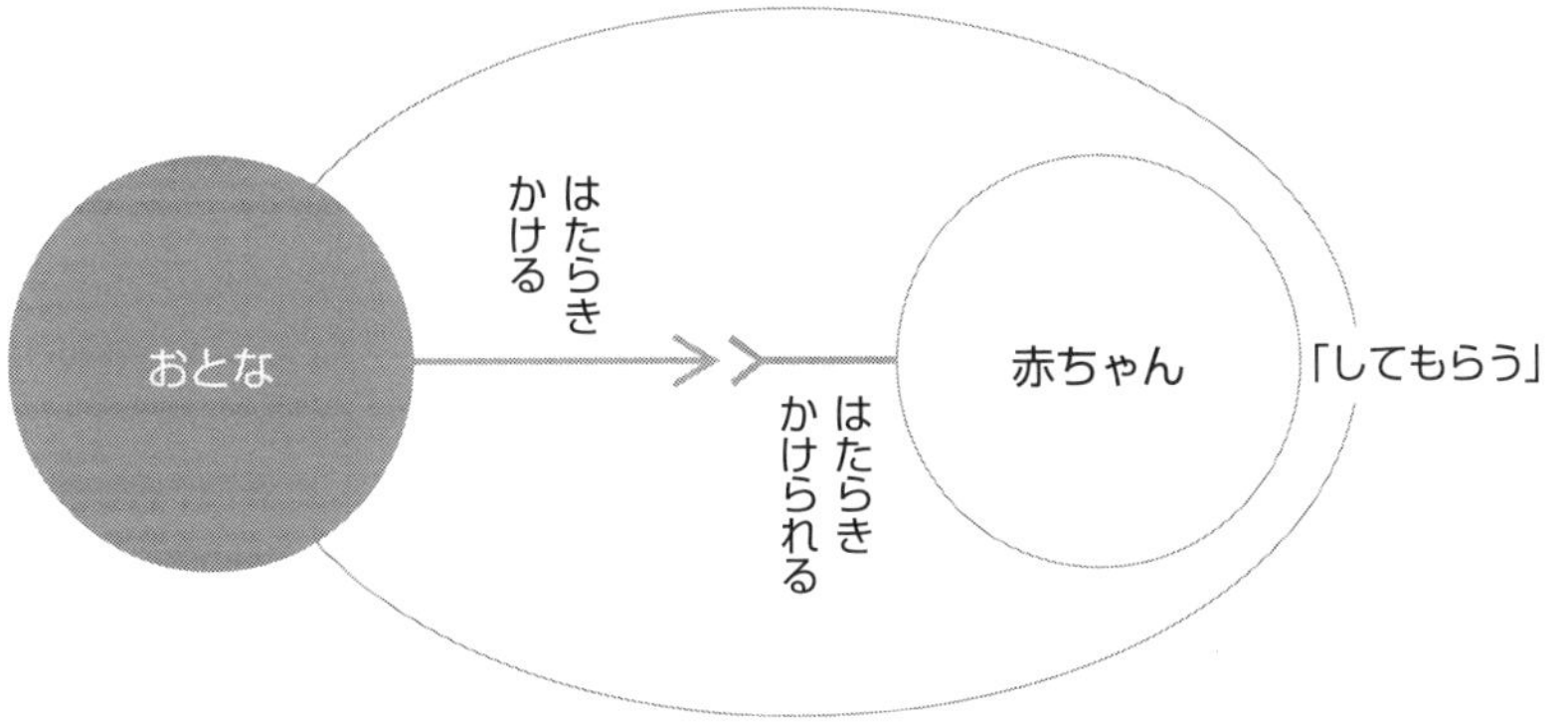

図2　〈してもらう〉の構造

（2）受動と能動は一体

人間は、〈してもらう〉から自分で〈する〉ようになるだけでなく、血縁・非血縁をこえて、他者に〈してあげる〉〈させてあげる〉ということを熱心に行います。人間の主体性が、後々、他者への支援的・教育的なかかわりとなるためには、出発点である〈してもらう〉がまったくの受け身にとどまらず、他者が「はたらきかける（能動）」ことと自分が「はたらきかけられる（受動）」ことを一体的なものとして経験している必要があると考えられます（図2）。

私はこうした状況を、「受動性の中に能動性が胚胎《はいたい》する」[3]と表現したことがあります。たとえば、保育者に離乳食を与えられている赤ちゃんは、「食べさせてもらう」という自己の受動と、「食べさせる」という保育者の能動を、一つのものとして経験しているのではないかということです。それは、先にみたように、赤ちゃんも生後5か月ですでに、他者の食行為に共鳴的に同調して、〝酸っぱい顔〟になったりしていたことからも推測されます。赤ちゃんは、複雑な社会的認知などできなくても、自分ごとと他人ごとを一つのできごととして経験している可能性があります。

それは保育者も同じで、相手の「食べさせてもらう」という受動を無視して食事を与えることはむずかしく、つねに自分と相手双方の経験をかさねて食事の介助をしているはずです。保育者や養育者が乳児に食事を与えるときに、しばしば〝共感的開口〟と呼ばれる現象が生じることが知られています。[4] 赤ちゃんが食事を食べようとするタイミングで、おとなの口がまるで赤ちゃんと同じような形状で開くのです。養育関係の最初から、赤ちゃんとおとなは、能動と受動を一体的なものとして経験しているのではないかと考えられます。

他者の能動と自己の受動の一体的な経験があって、やがて赤ちゃんが自ら周囲にはたらきかけるようになったとき、他者に〈してあげる〉や〈させてあげる〉となってあらわれるのではないかと考えられます。

(3)〈させてあげる〉の世界

自分の身体が動くようになるにつれて、〈する〉(さわりたい、見たい、なめたい、行きたいなどなど)という能動性が前にでた主体性が優位になります。これにより、探索の黄金期に入っていくことになりますが、その基盤には〈してもらう〉という主体性があり、信頼を寄せるおとなに「見守ってもらう」ことが子どもの〈する〉を支えています。

1歳〜2歳にかけて、身近な人に何かモノを渡したり、食事のときに隣の子に食べさせてあげたり、ぬいぐるみをトントンと寝かしつけるなど、〈してあげる〉という新しい主体性が登場します。〈してあげる〉は、支援的なかかわりですが、相手の主体性を〈してもらう〉にするという意味で、自分の能動性が前にでた主体性です。

これに対して、2歳～3歳にかけて、だれかが何かをしようとしているのを〈させてあげる〉姿が見られるようになります。〈させてあげる〉は、他者の〈する〉を支えるかかわりであり、自分は受動的な構えになる主体性といえます。具体的には、相手が何かをしようとしているのを〝待つ〟姿としてあらわれることが多いと思います。

自分の番をあげる

ある園に、3歳児で途中入園した女児がいました。早生まれで、身体も一番小さく、年少クラスのなかでもできないことが多い子でした。園生活をたのしめるようになったのは、ある男児が女児のことを気に入って、仲よくつるむようになったころからでした。その園のブランコはロープだけでできたもので、腰をしっかり安定させないとうまく乗れない子どもたちに人気の遊具でした。女児は、それにチャレンジするようになり、順番待ちの列に並んで、約束どおり10回こいでみましたが、大きく揺らすことはできませんでした。すると、女児のうしろに並んでいた仲よしの男児が、「もう一回やっていいよ」と言って、自分はふたたび列の一番うしろに並んだのです。

すでにブランコをうまく乗りこなせる男児にしてみると、女児の姿は昨日の自分です。もう少しやれば、大きく揺らせそうなことが分かるのかもしれません。男児が自分の番をゆずったのは、順番交替というルールをこえたもので、〈させてあげる〉主体性のあらわれだと考えられます。

〈させてあげる〉ことは、おとなにとってもむずかしいものです。相手ができるかどうか分からない、分かっているのか分からない、自分がやりたい、リスクがあるかもしれない、失敗するかもしれない。時間がないし、待てない。おとなが子どもにかかわるとき、〈してあげる〉ほうがはるかに楽です。それでも、子ども自身の試行錯誤やペースで学ぶ経験を保障しようとするからこそ、親も保育者も、不確実性を「どこまで待てるか」がいつも課題になってきます。そうした主体性の葛藤のようなものに、子どもたちもそれなりに対処していくようになるのが、2～3歳ごろだろうと思います。

（4）環境や関係による新たな発達

主体性の四つのかたちは、いずれも子どもたちの心身発達の進展を背景にしていますが、それは単に能力ではなく、環境や他者との関係のなかで成立する姿です。環境や関係によって四つのうちのどれが優勢になるかが変わっていきます。

たとえば、3歳児で幼稚園に入園してきた子どもであれば、保護者との関係においては〈する〉や〈してあげる〉がよく見られるかもしれませんが、不慣れな園では〈してもらう〉ことで主体性を発揮しようとするでしょう。園の環境や仲間関係が育っていくについて、安心してたのしくあそぶ姿として〈する〉が目立っていきます。ただ、仲間関係が変わっていくとき、行事などでいつもとは異なる環境になるとき、また進級してクラス替えなどがあると、同じ子どもの〈する〉は一時的に影をひそめるかもしれません。そうしたとき、〈してもらう〉が前にでてくることもあるし、だれかに〈してあげる〉姿として主体性を発揮しようとするなど、子どもなりの試行錯誤が行われるものと思います。

第3部

「子ども観」「発達観」の変遷と私たち

第5章　子ども観をさかのぼる

1　「子ども」とは何か

(1)　ことばと実践のさくらんぼ

子どもは、その年齢、しぐさ、背格好、発達といったある程度客観的な特徴をそなえているようにもみえます。でも、「子どもとは?」と聞かれれば、「かわいい」「あそびが好き」「失敗をする」「わがままである」「たくましい」「弱く、おとなによる保護を必要とする」「神様のようなものだ」「家を継ぐ者である」「学校に行く必要がある」「子どもでも権利をもっている」「親の言うことはきくべきだ」「やかましく、迷惑な存在だ」「親をこえる存在だ」「社会の未来だ」といった、多様なイメージや価値観が語られます。それは個人でもちがうし、時代や文化によってもさまざまです[1]。

つまり、何を「子ども」とするかは、一律ではないのです。このような、子どもについてのイメージや価値観の枠組みを、子ども観と呼びます。現代社会でも、私たちの子ども観は刻々と変わっています。保育所保育指針や幼稚園教育要領のような文書にも、その時代の子ども観が反映されていることでしょう。

ところで、国の保育制度から各保育者がつける保育記録まで、保育のいとなみは多くの場合「ことば」によって表現されます。その「ことば」はどのように選ばれ、どのような意味を与えられているのでしょうか。たとえば、「子どもたちは、協同的に○○に取りくんでいました」と書いたとき、その〝協同的〟な様子は具体的にどのような姿をさしているのでしょうか。ある見方では、おとなが期待するような集団的行動を一糸乱れず行っていた場合に〝協同的〟を使うかもしれません。しかし、別の見方では、おとなが用意した枠組みを子どもたちがいっしょになってふみこえ、逸脱していく姿を〝協同的〟であると読みとるかもしれません。社会性が高いということを、「空気を読んで調和を重視する」という面にみるか、「自分の意見をはっきり述べる」という面にみるか、両方ともありえます。

このように、私たちが使う「ことば」と、実際の「実践」とは、一つながりのものではないようです。私のイメージでは、「ことば」と「実践」は、物事の何に価値を置くかという〈観〉によって結びつけられた双子の「さくらんぼ」のような関係にあります[2]（**図1**）。

協同性や自立心、道徳性や生命尊重といっても、ことばだ

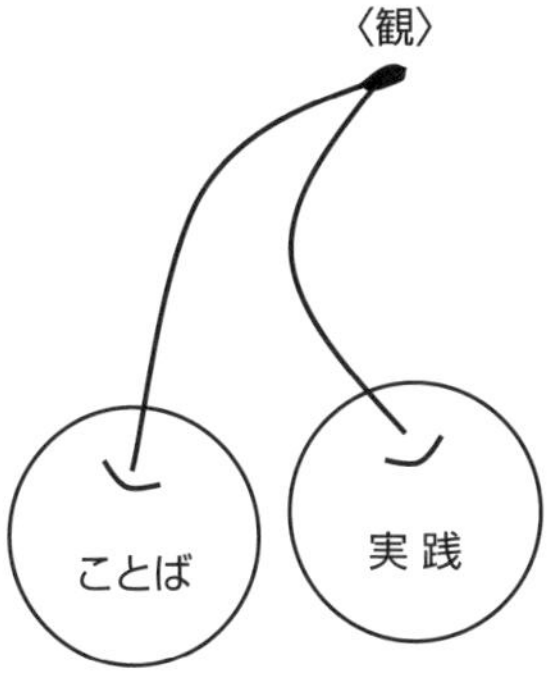

図1　ことばと実践のさくらんぼ

けでそれが何を意味するのか考えることはできません。かといって、日々の保育で見える子どもの姿から、ことばの意味を解釈するのも限界があるのです。なぜなら、子どものどんな姿に注目するかが、すでにある価値観にもとづいて選択されているからです。問わねばならないのは、「なぜ自分（たち）は子どものその姿が重要だと考えるのか」ではないでしょうか。さらにもう一歩ふみこむならば、「それを重視するのはほんとうに適切か」「それはほんとうにめざす方向の目印になる子どもの姿なのか」も問われることになります。「ことば」と「実践」を結びつけている、私たちがなかば無意識に採用している〈観〉――子ども観、保育観、発達観、社会観など――から目をそむけずに、議論をかさねることがたいせつだと思います。**第3部**では、保育のいとなみにかかわるさまざまな〈観〉について考えるため、歴史をひもといてみたいと思います。

（2）一つの社会の二つの側面

教育史研究では、一八世紀なかばにルソーが書いた『エミール』という教育論の登場が、ヨーロッパの社会思想としての「子どもの発見」を意味するといわれてきました。どの時代に、近代観念としての「子ども」が成立したのかについては諸説ありますが、ヨーロッパでも、将来への可能性を秘めた教育の対象として「子ども」がまなざされるようになったのは、それほど大昔のことではなさそうです。この「子どもの発見」は、後に子どもの権利という概念を生み、現代の国連「子どもの権利条約」として結実したといえるでしょう。

日本は、一見矛盾した子どもの取り扱いの歴史があるといわれています。一方では、子どもをとても大事にし、神様の一部のように扱ってきた面があるといわれます。明治維新間もない一八七七年ごろに日本にやってきたE・S・モースというアメリカ人生物学者は、「私は世界中に日本ほど赤坊のために尽す国はなく、また日本の赤坊ほどよい赤坊は世界中にないと確信する」[3]とまで述べています。このほか、幕末から開国後の日本にやってきた西洋人の多くが、日本の子育てや子どもの様子を肯定的に書き残しています。

他方、その300年ほど前の一五六三年に布教活動のため来日したポルトガル人宣教師のルイス・フロイスは、日本ではひんぱんに堕胎や〝子殺し〟が行われていて、おとなたちは幼子の命に無頓着であると、『日本史』という本などに記していました。当時の一端が分かるので以下引用します。

「婦人たちが堕胎を行うということは、日本ではきわめて頻繁なことである。或る者は貧困が原因で、或る者は大勢の娘にうんざりして、或る者は自分が仕える身であって、そうでもしなければよく勤めを続けることができないために、また、その他いろいろな理由から、〈それを行っている〉。しかも、誰一人それに対して憤りを感じないというのが通例である。或る人たちは、誕生後、その頸に足をのせ、窒息させて、子供を殺し、また或る人たちは堕胎を誘致する因となるある薬草を飲む。そうして、堺の町は大きくて人口が多いので、朝、岸辺や堀端を歩いて行くと、そこに投げ捨てられた子供たちを見ることが度たびある。母親が誕生後投げ捨てようと思っている子供に対して、幾分でも人情味を示そうと思う場合は、子供たちを海岸に置き、潮満ちて彼等を完全に殺すか、或いは壕の中へ投げ捨てる。すると、普通は犬が来て彼等を喰ってしまう」[4]

この二つの子どもの取り扱いのちがいをどう考えたらよいでしょうか。かつて、田嶋一さんは、日本社会に横たわる共通の子ども観が、「一つの社会の二つの側面」[5]を生みだしてきた可能性を指摘しました。日本[6]には、キリスト教とも仏教とも異なる、祖霊信仰と呼ばれる精神風土が古くから発達し、魂と肉体を分離させつつ、「あの世」と「この世」が隣りあって交流しているという世界観が構築されていたといわれます。人びとは「子殺し」などということばは使わず、「子返し」とか「オケエシモウス」などと呼んでいたのです。避妊の技術や知識もなく、一般民衆はたびたび凶作や飢饉に見舞われた時代です。いま育てることができないと判断すれば、いったん「オカエシ」して、ふたたび魂がもどる機会を待ったのかもしれません。半面で、そのようにして人工的に調節された結果残った子どもだからこそ、とても大事に育てようとした。これが、田嶋さんの述べる「一つの社会の二つの側面」です。

（3）江戸時代に大きな変化

他方、近世（おおむね江戸時代＝一七世紀～一九世紀なかば）に子ども観が変わっていったことを示す研究も多くみられます。太田素子さんは、宗門人別改帳や日記・子育て書などの史料を駆使して、江戸時代を通じて農村における乳児期の生育儀礼に大きな変化があったことを実証的に跡づけ、以下のように述べています。

「出産の不浄を払う忌明けの習俗より、名付けの七夜を重視する儀礼への変化は、新生児を人格ととらえて家と共同体のなかに迎えるという子ども観を象徴している。百日の喰い初めや初誕生、初節句など、近世に入って農村に広がり始めた生育儀礼の数々は、大人たちが赤子に強い関心と愛着を持ち始めたことを示している。（中略）江戸後期の日記類に比べると、近世前期の藤左衛門日記の子どもの出生に関する記述は簡潔で、赤子に対して無頓着な印象を受ける。それに対して、中・後期の日記や祝儀簿の記述においては、赤子に対する匿名性は払拭され、出生後間もなく家族の中で注意深いまなざしを集めて成長してゆく様子がうかがわれる[7]」

柴田純さんも、中世（おおむね鎌倉・室町時代＝一二世紀〜一六世紀）では無頓着・無関心だった子ども観が、江戸時代に「保護」の対象として認識されるようになったと史料から分析しています[8]。日本社会に近世的な家と村の共同体が生まれたことにより、人びとが「家」の継続性に関心をもつようになったことで、子どもの育ちや教育が自覚されていったという考えです。これは江戸時代前期までにはひろく流通するようになった「子宝」ということばにもあらわれています。また、社会が「天次第から人次第へ[9]」と自然に対する人間の力を信じるように変わっていき、「こうした世界観の変容が、幼児に対する考え方を無関心から保護へと大きく転換させていく原動力になった[10]」ともいえます。

フロイスが見た日本と、モースが見た日本は、子ども観において大きく変容した社会だったのかもしれません。しかし、フロイスは別の書物（『日欧文化比較』）では、当時（一六世紀後半）の日本人の子育ての特徴として、ヨーロッパにくらべて体罰が少なく、自然による育児の方式が尊重されているとも述べています[11]。これらの特徴は、開国後にモースらが見た様子とつながっているようにも思えます。そう考えると、先に田嶋さんが述べた「一つの社会の二つの側面」という仮説も、捨てがたいものかもしれません。

2　古くて新しい「保育」の意味あい

(1) ノビスク原理

早期教育が取りざたされ、乳幼児期から競争的環境にさらされている現代の子育てですが、いまも多くの保護者が語る肯定的な子育ちのイメージは、「のびのび」とか「すくすく」といったものではないでしょうか。いずれも、あまり外側からいじりすぎずに、その子の本来もっている素質やよさが、自然に育っていってほしいという願いをこめた表現だと思います。そこで、この両方を合わせて、子育て・子育ちの「ノビスク原理」と呼んでおきましょう。このノビスク原理は、先にフロイスやモースが記述した近世日本の子ども観に通じているようにもみえます。このあたりをもう少しさぐってみましょう。

主に江戸時代に子どもや子育てについて書かれた書物を『子育ての書』(全3巻[12])として編集するなど、日本近世の子ども観や子育て意識について研究してきた山住正己さんは、「近世に子どもについて書かれた文章を見ていて気がつくのは、子育てを植物栽培にたとえているものが非常に多いということである[13]」と述べています。たとえば、江戸開府まもない一六一七年に書かれた『東照宮御消息[14]』には、子どもの出産・成長を植木にたとえて、種が割れて二葉が出てくるのは出産と同じで、枝葉が伸びてくると添え木をしたり、枝をかいたりすることによってよい木にするように、子どもが4、5歳になったら添え木役の人をつけたり、わるい枝はわがままにならないように対処するのがよいというようなことが述べられています。[15]

山住さんは、同じような記述が江戸後期の書物や農民向けの書物にも一貫して見られるとして、子どもの成長や子育てを植物栽培になぞらえて理解する方法が、近世にひろく共有されていた可能性を指摘しています。植物は、外から種を割っても芽が出るわけではありませんし、ひっぱっても伸びるわけではありません。基本的には葉が日光を浴び、根が土から水分や養分を吸収することによって生長する力があり、それを補助する技術として添え木、接ぎ木、芽かきや枝かきなどがあるにすぎません。つまり、植物栽培のたとえというのは、子ども自身の「自然」な成長力を信じ、あまり早くからいじりすぎないようにという先人の教えといえます。

また、山住さんは、「先ず先ず曲節を生ぜず、春陽に草木の枝葉を長じ候如く、唯ぞわぞわと（元気に）成長致され候事、第一なる事に候」という、米沢藩の名君・上杉鷹山《ようざん》のことばを紹介しています（一七九六年の書物から）。現代の言い方になおせば、「あまり先まわりしないで、春の草木のように、のびのびと育つのが一番ですよ」という感じだと思います。ただ、ここで鷹山が「春」と述べるのは、子どもの場合は季節の春というだけでなく、その子が自ら成長しようとするタイミングを待ちなさいという意味がこめられています。

以上をまとめると、植物栽培にたとえられた近世の子育て論には、早すぎる介入と時機を無視した介入に対する戒めを読みとることができます。わが子に「のびのび」「すくすく」育ってほしいという、現代の養育者にもある程度共通するだろうノビスク原理は、こうした日本近世の感性とも無縁ではないように思われます。

(2) 撫養《ぶよう》・扶育《ふいく》

太田素子さんは、こうした日本近世の子育て論が、「保育」ということばの誕生ともかかわっている可能性を指摘しています。[16] 岩倉具視の使節団(岩倉使節団=明治四年一一月~六年九月)の一員であった田中不二《ふじ》麿《まろ》は、帰国後幼稚園の開設に向けて動きだしますが、その過程で幼稚園の目的を説明するために「向来幼穉を撫養スルノ任アレバナリ」や「看護扶育以テ異日就学ノ階梯ニ致度」と述べ、当時使われはじめていた「幼稚(穉)教育」(幼児教育)を意図的に避けた形跡があります。かわりに、江戸時代からなじみのあった「撫養」や「扶育」という、養護の意味あいをもつ語を用いたのです。

もちろん、明治期における教育の近代化の一側面ですから、江戸時代の身分制(封建的な家制度)の下での教育を刷新し、近代化の原動力となる学校教育への接続を期待されたのが幼稚園だったのはまちがいありません。しかし、それは小学校以降の教育と同じではなく、幼児にふさわしい内容と方法である必要がありました。結果として選ばれたのが、「保育」ということば(概念、思想)でした。公式には、明治九年に設立された東京女子師範学校附属幼稚園の「幼稚園規則」において、「保育規則」「保育料」「保育時間」という複合語のかたちで使用されたのが最初といわれています。これはだれの筆によるものか明らかにされていませんが、同校摂理《せつり》(校長)であった中村正直の影響を無視することはできないでしょう。

「幕末当時、子育てを支援する制度的な取り組みは、『養育院』『赤子養育』『撫育講』などと呼ばれており、careに近い言葉として、『撫育』や『養育』という言葉は広く使われていた。しかし、中村らはこれら使い慣れた言葉を採用するのではなく、あえて新しい言葉をつくり出したのである。それは従来日本人が知っていた子育ての習俗や慣行とは質の異なった子育てを日本に定着させようとする決意の現れであると同時に、維新期の知識人が幼稚園の思想を吟味熟読したうえで、あえて『幼児教育』という言葉を使わなかったということをも意味しているのである」[17]

今日、とくに保育所保育において〝養護と教育の一体性〟といわれる「保育」の原理は、じつは日本に幼稚園が導入される際に、近世子育て論の継承と西洋近代教育の受容の混合物として、「保育」の語が選ばれたところにルーツがあるのかもしれません。

「保育」ということばは、現在の幼稚園教育の基盤にも残っています。学校教育法第22条には、「幼稚園は、義務教育及びその後の教育の基礎を培うものとして、幼児を保育し、幼児の健やかな成長のために適当な環境を与えて、その心身の発達を助長することを目的とする」とあります。たびたびの制度改革や法改正の荒波をくぐりぬけて、「保育」は生き残ってきました。その裏では、先人たちの願いや思惑が交錯してきたものと思いますが、幼稚園においても、その実践の本質をあらわすものとして「保育」は採用されつづけているのです。しかし、制度や政策において「保育」にもたせる意味あいや位置づけは、近年大きく変わってきたことも記しておかなければなりません。

戦後、幼稚園と保育所の二元化がかたまっていく過程で、文部行政と福祉行政で「保育」理解にちがいが生まれ、とくに幼稚園では「教育」を強調して使用するようになりました。太田さんは、一九六三年の文部省と厚生省の局長連名通知「幼稚園と保育所との関係について」において、「保育所の持つ機能のうち、教育に関するものは、幼稚園教育要領に準ずることが望ましいこと」と明記されたことに触れ、「この両省合意以降は、『保育』を養護と教育のたし算として理解する解釈（保育＝幼児教育＋養護）へと一般的な言葉の用法は展開しているように見受けられる」[18]と述べています。

さらに、湯川嘉津美さんによれば、二〇一五年より設置された幼保連携型認定こども園における「保育」は、児童福祉法上の一時預かり事業の規定があてられ、「そこでの『保育』は『養護及び教育（学校教育を除く）』となり、従前の養護と教育を一体的に行う『保育』という考え方からは遠く離れることとな」[19]りました。社会で子育ち・子育てをどう支えていくか対応がせまられているいまこそ、「保育」ということばが生まれた時代の原点にかえって、乳幼児期をタテ（年齢）とヨコ（施設）につらぬく原理の深化が求められています。

「保育」には、近世の300年あまりのうちに熟成され、浸透していった子どもや子育てについての考え方がしたたかに継承されている可能性があります。それは、植物栽培にもなぞらえられた、子どもの〝自然な成長力〟を信じる思想がふくまれ、命を保護し養うことと、支援的な教育作用とを一体的にとらえるものでした。今日も養育者たちが口にする「のびのび」「すくすく」という願いにも、保育所における「養護と教育の一体性」という専門的原理にも、近世に育まれた日本人の子ども観、発達観、子育て観が息づいているように思います。

ただ、近世における子どもへの関心や愛着は、「家の継承者」としてたいせつにするという意識が基調となっていました。[20]しかも、あくまで士農工商の身分制にあって、それぞれの身分の天井をこえない（分をわきまえる）範囲での育ちを基本とする発達観であったといえます。これに対して、現代の発達観はどのような特徴をもち、どのような課題をかかえているのでしょうか。保育が何をめざすのかを考えるとき、やはり私たちの発達観もいっしょに問われることになります。

第6章　「発達」と社会の歩み

1　「発達」のことばのルーツ

今日、私たちの子ども観に大きな影響を与えている価値は、一つには「発達」という考え方、もう一つには「投資」という考え方があるように思います。この二つが結びついたところに、現代の子ども観があらわれているともいえます。以下、本章ではおおむね明治から昭和にかけての歴史的な状況の変化を追い、次章にて平成から現在に至る発達観の特徴とその課題について考えていきます。

(1) ヨーロッパ生まれの“development”――内発性の意味あい

「発達」(development) という概念は、一六世紀のヨーロッパで生まれ、「主体性」と同じように、日本には明治時代になって翻訳語として受容されました。前田晶子さんによると、日本ではじめて“development”

を翻訳しようとしたのは、堀内《ほりのうち》素堂《そどう》という医者でした。[1] 西洋医学を学んだ素堂は、子どもの成長のメカニズムを科学的に明らかにするために、小児医学の基礎概念として〝development〟を定着させようとし、「発生」と翻訳したそうです。〝development〟には、「内に包まれていたものが出てくる」という語源がありますので、「内発的な能力や素質の開花」という意味あいがあります。しかし、その後英和辞書が編纂されていく過程で、「発達」という語に落ちつき、前田さんによると、とくに知的な成長の部分で使われていく傾向がありました。

（2）中国生まれの「発達」――到達性の意味あい

一方、日本では、「発達（發達）」ということばは江戸時代に中国から輸入されたことがあり、成人男性の長寿や高名を意味することばとして用いられていたという田中昌人さんの指摘もあります。[2] この使用方法は、現在の発達概念とはかなりちがうようにも思えます。しかし、個人の内側から内発的に生まれるという意味あいの「発生」に対して、「発達」の〝達〟の文字には、何か外側から決められた基準に到達するという語感もあり、子どもの成長をあらかじめおとなが期待する基準に達したかどうかで考えてしまうという、私たちの癖（?）とつながっているともいえます。さらに、田中さんは、明治政府が帝国主義の色合いを強めていく過程で、「発達」が官用語として使われるようになったとし、次のように指摘しています。

「すなわち、明治二二年二月一一日の『皇室典範および帝国憲法制定に関する御告文』に続く『帝国憲法上論』のなかで、5次に及ぶ原案の修正の後、『臣民ノ懿《い》徳《とく》良《りょう》能《のう》ヲ発達セシメ』というように、被支配者の発達の価値を、絶対主義的天皇制の下で、富国強兵策として外在的な価値の実現のために内在的なものを外的に支配し、抑圧し、機械的にはたらきかけて、資本主義的競争の下で到達点を強調、選別する際の概念として、官用語に定着させてきたのです。これ以来、国際的に通用している“development”の概念と、特殊日本的な日本の『発達』という概念のくいちがいが拡大していくことになりました[3]」

強い表現ではありますが、当時の思想状況をふまえれば、時の為政者が個人の内なる素質の開花という“development”の元来の意味を嫌ったことは想像に難くありません。「発生」が避けられ、かつて立身出世的な意味も与えられていた「発達」が採用され、それを外的に与えられた価値に向かって到達していくことと意味づけられたという歴史は、はたして過去のものなのでしょうか。

2 「発達」への希望

日本社会は、「発達」を130年以上は使ってきましたが、まだまだ十分に自分たちのものにはできていないかもしれません。このことばは、“民衆の知恵”というよりは、外来語であり官用語である歴史をもっていますし、戦後は科学研究によって権威づけられてきたところにも特徴があります。「発達」は、よくもわるくも、たいへん強力に私たちの子ども観を方向づけ、変容させてきた概念といえるでしょう。

したがって、あらためて現代において発達とは何なのかを考えてみる必要があります。発達という考え方

表1　「発達」と社会の関係変化の見取り図

時代区分	時代の目安	「発達」と社会の関係
第一の状況	明治後半から 第二次世界大戦終結まで	developmentの翻訳語としての「発達」の定着。臣民形成としての「発達」。
第二の状況	戦後から 高度経済成長期まで （1955〜1973年ごろ）	民主社会の主体形成としての「発達」、教育的価値としての「発達」、発達保障や保育運動のシンボルとしての「発達」。社会の発展・開発の実際と人間発達への希望の一致。
第三の状況	オイルショックから バブル崩壊まで （1973〜1995年ごろ）	社会構造の変化により、子育てが孤立化していくなかでの「発達」への疑問。知りたいものであると同時に、親子をおびやかすものとしての「発達」の意味変容。
第四の状況	「失われた20年」から 現在まで （1995年ごろ〜現在）	社会の未来への不透明感が増すなかでの「発達」の道迷い。子育ての孤立の深刻化、自己責任論の高まり、保育需要の急激な顕在化と並行して、子どもへの「投資」の結果としての「発達」観がリアリティをもつように。

が、社会状況の変化とともに、子育てや保育をすすめるうえでどのような意味あいをもつようになったのか、その歴史を見さだめるということです。これはたいへんな仕事で、私にはいますぐにくわしい議論を展開する用意がありません。ただ、大きな流れとしては、**表1**のような区分で見取り図をえがくことができるのではないかと思います。

(1) 第一の状況
——明治後半から第二次世界大戦終結まで

先にみたように、「発達」は、明治時代にヨーロッパ語（英語では“development”）を翻訳し、受容したものです。その訳出の過程では、医者による「発生」という案もありましたが、大日本帝国憲法が発布される明治なかごろには「発達」という訳に定まりました。その背景には、国を動かす層にとって原語がもつ内発性や自発性のニュアンスが忌避された可能性があります。田中昌人さんが指摘したように、こうした経緯は結果として、「よい発達」とは外的に定められた基準に達すること、適応することだという意味あいをもつようになったのかもしれません。つまり、到達性の視点が強かったということです。

大正から昭和初期にかけての自由民権的な空気のなかでは、たとえば倉橋惣三のように子どもの自発性を重視する思想や、城戸幡太郎と保育問題研究会のように民主的な関係の下での発達観も追求されていきますが、十五年戦争下での厳しい思想統制から、表立った研究や実践はむずかしくなっていきました。[4] たいへん大くくりではありますが、これを第一の状況と位置づけたいと思います。

(2) 第二の状況——戦後から高度経済成長期まで

戦後になり、民主的な社会創造の機運において、個人の権利確立、発達・学習の自由とその保障が追求されていきます。発達概念の主たる使用者である児童心理学において、学術分野としての自立を意味する〝ハンドブック〟の発行は一九五九年のことでした。[5] 第二の状況は、おおむね一九五五～一九七三年ごろに相当しますが、この時代にはいくつかの観点から、発達概念が民衆の思想的・実践的武器となりました。

教育的価値としての「発達」

一つは、教育という領域の独自の価値を確立するためです。当時、いちじるしい経済発展を前に、政官財による上からの人材開発要求が強まっていました。そうした社会の現実や価値観を無視することはできませんが、ただ社会(とりわけ特権層や為政者)に従順な〝人材〟を開発するのが教育のいとなみであるなら、子どもが人生の主人公となり、社会そのもののあり方を問い、新しい社会をつくりだしていく主体として育つことはむずかしくなります。そこで、教師や教育学者たちは、現実を見すえながらも、なお相対的に独立した教育的価値の体系をきずくことによって、個人の育ちと社会のあり方との健全な発展的関係をめざしたのです。言い方を変えると、「おとなと政治・経済の論理」に対して、「子どもと教育の論理」を打ち立てようとしたということです。その時期の代表的な著作に、勝田守一さんの『能力と発達と学習』（一九六四年）があります。勝田さんは、副題に「教育学入門」と付したこの本で、次のように述べています。

「ここに私たちの子どもがおり、そして教育という事実があり、それが政治や経済の要求によって左右されている。社会のなかでの教育である。政治や経済の影響を受けるのが当然なのだから、それと関係をもつことを嘆くのは誤りである。この関係の中で、子どもの成長と、この子どもの成長を受けとる社会、とくに未来の社会とのかかわりをとらえるところに、教育学的課題を設定するのが私の試みである。／政治や経済から影響を受けている必然性の中で、教育という事実が成り立ち、（中略）それが逆に政治や経済にはたらきかえすことができるためには、（中略）人間の成長するという過程、人間の能力が発達するという事実の意味をとらえることからはじめなくてはならない」[6]

このように、勝田さんは教育的価値の源泉を「発達」に求めたのでした。こうした考えは「国民の教育権」論[7]ともつながり、たとえば、「家永教科書裁判」[8]でも、原告団の理論的根拠となるなど、現実的な状況に影響を与えました。勝田さんやその理論的継承者といえる堀尾輝久さんは、教師の専門性の根拠に子どもの発達や学習にかんする知識を求め、ピアジェやワロンやヴィゴツキーなどの発達心理学の研究も重視したのでした。[9]

教育を受ける権利を保障する「発達」

「発達」を権利論の文脈で重視する運動は、障害児教育でも展開しました。これが二つめの流れです。一九五六年に滋賀県の近江学園（知的障害児・者の療育施設）に赴任した田中昌人さんらは、当時「就学猶予・免除」という言い方で実質的に教育を受ける権利をうばわれていた障がいをもつ子どもたちに、国が責任をもって義務教育を保障するべきであるとして、研究と実践と権利回復要求を連関させた「発達保障運動」を展開しました。そこでは、どんなに重い障がいをもっていても子どもは発達すること、その発達には障がいの有無にかかわらない一般法則があることなどが重視されました。この発達保障運動は、一九七九年の養護学校の義務制の導入に対する大きな推進力になったのです。[10]

保育・子育てを科学化するための「発達」

三つめの流れは、保育運動です。高度経済成長期をとおして女性の社会進出がすすむなか、「ポストの数ほど保育所を！」というスローガンにより、とくに乳児保育（産休明けから）への期待が高まっていました。現在では0歳児でも15％以上（同学年の6～7人に1人）が保育施設に預けられ、けっしてめずらしいことではなくなりましたが、一九六三年に0歳児保育を受けていたのはその年の出生児数に対して0.05％（2千人に1人）でした。[11] 乳児期は未熟で発達のいちじるしい時期ですから、その発達過程を解明し、適切な保育方法や保育環境を科学的に根拠づけることは重要な課題となっていました。幼稚園教育要領よりも保育所保育指針において、発達にかんする記述が多く、発達的な観点からの子ども理解が重視される傾向がありますが、それは日本におけるこうした歴史的背景とも無縁ではないでしょう。なお、発達保障運動が保育運動と連動していく過程で、地域福祉としての乳幼児健診と障害児保育のシステムとして「大津方式」（一九七三〜一九七五年に確立）が生みだされ、全国のモデルとなっていったことも記憶しておく必要があるでしょう。[12]

このように、戦後の一時期においては、「発達」は教育、障害児の発達保障、保育所づくりなどさまざまな「社会運動」との接点を厚くもっていたことが分かります。研究者や心理などの専門家だけでなく、一般の教師や保育者、そして保護者が手を組んで、自分たちと子どもたちの権利を守り生活を豊かにするために、発達概念は運動の〝武器〟としての意味あいをもっていました。

「夢」としての発達

社会学者の見田宗介さんは戦後日本社会を時代区分し、第二の状況の前夜にあたる戦争終結から高度経済成長期に入る時代を「理想の時代」、おおむね第二の状況にあたる高度経済成長期を「夢の時代」、と呼んでいます。[13]「理想の時代」は、戦後の混乱のなかからアメリカ資本主義とソビエト社会主義という二大理想を未来社会のモデルとして、人びとが生きていた時代だとされます。理想を生きるというリアリティは、そのまま高度経済成長期＝「夢の時代」につながっていきます。三種の神器[14]に代表されるモノの豊かさが普及するとともに、東京タワー（一九五八年）や新幹線（一九六四年）などの交通インフラの整備、東京オリンピック（一九六四年）や大阪万博（一九七〇年）[15]といった巨大イベントの開催などが、「夢の時代」を象徴します。

また、家制度のなごりをとどめる拡大家族から自由恋愛にもとづく核家族への夢があり、一九六三年の歌謡曲「こんにちは赤ちゃん」（永六輔作詞・中村八大作曲）の大ヒットは、家の継承者から夫婦の愛の印へと子ども像が変わってきたことを示唆していました。全国にひろがった〝団地〟は、新しい家族の夢の巣だったのです。この時代、人びとはまさに夢を生きたのだと思います。[16] 「発達」の研究と運動も、理念である「権利」の実現を追求するという意味において、この時代に求められた「夢」の一つだったと考えられます。

3 「発達」への疑問

(1) 第三の状況──オイルショックからバブル崩壊まで

「夢」の副作用

一九七三年のオイルショック（中東戦争に端を発する原油高騰が引き起こした世界経済の混乱）が契機となり、時代の空気が変わっていきます。それが第三の状況であり、一九九〇年代なかばごろまでつづきます。見田さんはこの時代を「虚構の時代」と名づけました。日本は、オイルショックによる一時的な経済危機があったものの、経済停滞に苦しむ他の先進国にくらべると、一九八〇年代も自動車や半導体などの輸出を中心に経済成長をつづけました。全体に消費社会化が進行して、豊かさが目立つ時代だと思いますが、この第三の状況において、「発達」は大きな問いなおしを余儀なくされたと考えられます。

〝一億総中流〟と呼ばれる状況を生みだした日本ですが、高度経済成長と引きかえに社会は大きく改造されました。たとえば、一九六〇年には農林漁業者が有職者人口に占める割合はまだ30％をこえていましたが、一九七五年には12.7％にまで減りました。専業農家数でみると、一九六〇年の208万戸から一九七五年の62万戸へと三分の一以下になっています。[17] これは政策的に誘導された農村解体の結果ですが、人びとの現実の生活にはさまざまな副作用が生じていました。その時代の一風景について、日本各地の保育現場を歩いてレポートした近藤薫樹さんは、以下の記録を残しています（一九七六年ごろ）。

「秋田県北山本郡の、ある公立保育所に、こんな子どもがいました。5歳8か月の男の子です。入園してからまる二年になるというのに、友だちと協調することができず、衝動的に行動することが多く、やたらに物を投げては他人にけがさせたりする。あそび道具でも、紙芝居でも、集中することができず、途中で外にとびだしてしまう。保母が手をつなごうとすれば振りきり、話しかけようと顔を近づければつばをかける。おやつや給食のときだけ自分の位置にもどるが、自分の好きなものだと隣のお皿からもとって食べてしまう。それでも最近になってやっと、名前を呼ばれれば『はい』といい、家族のことをきかれると『ばば、田っこさ行ってる』と答えるようになった、とのことです。／ここも米作地です。父親は長期の出稼ぎで年に一、二度帰ってきても三日と家にいません。五十アールほどの田畑は祖母と母親が耕作しています。しかしこの二人は折合いが悪く、母親は子どもを置いて実家へ帰ってしまうことも少なくありません。父親の弟にあたる叔父も同居しているのですが、大工をしており、酒乱で他人にあたり散らします。／こんな中で、母親はとうとう首つり自殺をしてしまいました。（中略）ようやく園の努力と集団生活の積み重ねで、いくらか落ち着き、自分より小さい子どもに、いたわる態度を見せはじめたころでした。表情もやっと明るくなりかけたのに……。母親が死んで、十日ほどして祖母の手にひかれて登園したこの子は、前とまったく同じ乱暴な子どもにもどってしまっていたのです[18]」

今日、この子のような姿は〝愛着障害〟と呼ばれそうですが、背景にある社会変動との関係でみたとき、その名称では割りきれない問題に目を向ける必要を感じます。近藤さんは、「出稼ぎということばは、使いなれ聞きなれているけれど、『おばあちゃんがみている』というのは文字どおり形だけであって、実際には深刻な『家庭崩壊』の一般化なのです」[19]と述べています。政策による誘引もふくめ産業・社会構造は変化していきます。その波にうまく乗れたり、比較的影響が少ない地域や業界や個人がいる反面、地域と家族の生活の根幹がこわれてしまったり、ある地方から都市部に流入してきた人びとに共通する生活困難や教育課題が認められることがあります。先の5歳の子の姿には、何重もの社会的矛盾が折りかさなっているのです。

（2）「現実」を「脱臭」する

見田さんは、先の三つの時代区分はいずれも「現実」に対する反対語だと述べています（理想と現実、夢と現実、虚構と現実）。しかし、理想や夢は、現実に向かっていく心性であるのに対して、虚構は現実から遠ざかっていこうとするところに、ちがいがあります。

「理想の時代は、また『リアリティの時代』であった。虚構に生きようとする精神は、もうリアリティを愛さない。二十世紀のおわりの時代の日本を、特にその都市を特徴づけたのは、リアリティの『脱臭』に向けて浮遊する〈虚構〉の言説であり、表現であり、また生の技法でもあった[20]」

第三の状況において、〝リアリティの「脱臭」〟は、文学作品にも、テレビ番組にも、ファッションにも、テーマパークのようなあそび場にもすすみました。日常生活においては、たとえば肉や魚などのラッピングは臭いを消し、キラキラと光るきれいなビニールの質感が前面にでるようになりました。肉を前にして、体温のある動物を殺して食べているというリアリティは消えました。

〝脱臭〟された「生の技法」のうち、子育てはとくに大きな領域です。だっこやおんぶなどは、おとなの生活技術であると同時に子どもの身体接触や姿勢運動発達とも深くかかわります。語りかけや表情の交感、わらべうたやあやし、衣食と排泄、適度な清潔の保持などにはすべて特有の身体技法がかかわっています。こうした「生の技法」の日常的な伝承がほぼとだえたのも第三の状況、虚構の時代と考えられます。周囲の先輩のやり方を見よう見まねで身につけていくかわりに、私たちは育児書やテレビなどによる〝脱臭〟された情報を介して身体技法を学ばざるをえなくなりました。そこに生々しいにおいや声音の質感はなく、一般化された文字や映像から身体の動きへと翻訳しなければならないのです。

画面や文字では子育てはきれいでなめらかにみえますが、実際は騒がしくてベトベトしていて凸凹だらけです。昨日までのおとなだけの生活にはなかった、生ぐさい日常がやってきます。泣き声、かんしゃく、いたずら、じゃれつき、全身をつかった力いっぱいの抵抗や飛びはね、食べこぼし、吐しゃ物、排せつ物。それらに睡眠不足と全身に張りつくような疲労のまま向きあう日々。人びとが虚構を生きようとする脱臭された世界で、こうした現実に、親たちが「いったいどこの地獄に来たのだろう……」と自問しても不思議ではありません。

おとな中心でできた、静かで清潔で予定どおり物事がはこぶのがあたりまえと考えられるようになった第三の状況で、子どもを育てるといういとなみの非効率性や野蛮性がきわだつようになりました。それを、おとなたちはなんとか脱臭しようともがいてきたのだと思います。抗菌や消毒への神経質とまでいえる対応は、家庭にも保育施設にもひろがりました。「できるだけ生活感のない家にしたい」というキャッチフレーズも、やはり虚構の時代に生まれたものと思います。身体が汚れるあそびは、現代ではむしろ教育的な意味をもちさえする、特別な活動になりました。

●「隣人訴訟」

脱臭されてきたもののなかでも、もっとも大きなものが人間関係かもしれません。そこで消したいにおいというのは、他者とのかかわりにともなう〝わずらわしさ〟でしょう。子育てほど、人間関係を必要とし、また人間関係のわずらわしさをうまくいなしていかなければならない領域はないかもしれません。そのことを考えるうえで示唆的な事件が起こりました。

一九七七年五月八日、三重県鈴鹿市でのことです。X家とY家は、ともに幼子をかかえる家族で、日ごろから近所づきあいをしていました。X夫妻が用事ででかけようとしますが、子ども（3歳A）が、Y家のB（4歳）とそのままあそびたいと言ったので、夫のYさんのうながしもあり、YさんたちにAをお願いすることになりました。ところが、不幸にもあそんでいるうちにAはため池に落ちて死んでしまったのです。X夫妻は、Y夫妻と行政を相手に損害賠償請求の裁判を起こし、一九八三年に地裁判決が下り、被告Y夫妻にも一部瑕疵《かし》を認め、賠償金の支払いが命じられました。

この事件は、「隣人訴訟」と呼ばれ、日本人の法意識について問題を提起しました。判決が下りると、メディアや世間は原告であるX夫妻を非難し、嫌がらせや脅迫まがいの電話や手紙が殺到するという事態に発展しました。これを苦にしたX夫妻は、とうとう訴訟を取り下げてしまったのです。この状況を政府は放置できず、法務省は新聞各紙なども通じて異例の「見解」を発表し、裁判を受ける権利は憲法に明記された基本的人権の一つであり、何人もこれを侵害してはならない、としました。

　隣人訴訟は、近代的な「法」の合理システムと、前近代的な「世間」の感情システムとの衝突事例といえますが、それにも増して「子育てと社会」をめぐる時代の転換点を示唆していたように思います。いわゆる〝近隣のよしみ〟であった子どもの預けあいが、司法というシステムをくぐることによって損害賠償請求に至るという事実がつきつけられたのです。こうした状況がすすむにつれ、子どもを預かることも預けることも、親にとって〝リスク〟として認識されるようになります。

（3）リスクとその個人化

　ドイツの社会学者ウルリヒ・ベックが、一九八六年に起きたチェルノブイリ原発事故を予見するように書いたのが『リスク社会』[21]という本です。時代は、モノを生産する工業化社会から〝リスク〟を生産するリスク社会に移行しているというのが、ベックの主張でした。私たちの祖先は、自然の前に無力だった人間の限界を克服しようとし、科学技術を活用した社会・国土を形成しました。さらに、その安心・安全・便利なモノによる生活をひろく普及させてきました。ところが、その〝進歩〟が、公害や温暖化などの新しいリスクを生みだし、今度はそれに対応しなければならなくなったのです。

　リスクは、社会のしくみによっても生みだされます。たとえば、ついこのあいだまで気にしていなかった〝個人情報〟は、保育者や子ども研究者にとってもっとも大きなリスクになっています。それは、個人情報保護法のような法律や、情報保護のための書類や手続きによって、個人の肖像権などを守るしくみが確立してきたことによるリスク化です。背景には、インターネットやデジタルカメラなど、情報を簡単に複製して爆発的に流通させてしまうテクノロジーの開発と普及があります。しくみも技術も、いずれも大きくは〝善意〟にもとづいて世にあらわれているというところが、いかにも皮肉です。私たちは、高度経済成長期以降、より安全で便利な生活を追求すればするほど新たなリスクが生まれるという〝いたちごっこ〟のループに入ってしまいました。

ベックは、そうしてひろがっていく新しいリスクが、「個人化」されていくことも予見しました。技術やしくみは社会的につくられるものであるのに、それによって生じた結果責任は個人が負うという「自己責任」の論理が強力に作動するということです。隣人訴訟は、リスク社会とリスクの個人化を象徴する事例であったように思います。それまで日本社会で慣習的に行われてきた子どもの預けあいが、戦後確立してきた司法のしくみをくぐるとリスクになってしまったのです。家族と地域によって分かちもたれていた子育ての労苦とよろこびは、第三の状況において急速にリスクとなり、「家族」ないし「母親」へと個人化されていきました。

(4) 子育ての孤立化

第三の状況において、家族あるいは母親に個人化した「子育てのリスク」は、現実には「子育ての孤立」として現象しました。これが、いわゆる育児不安、育児ノイローゼ、そして虐待問題へとつながっていきます。「夢の時代」であった第二の状況では、物質的な豊かさが追求されると同時に、先に述べたように、保育や発達保障の国民運動が展開された時期でもありました。ポストの数ほどには至りませんでしたが、一九五五年から一九七三年の18年間に、全国で認可保育所は8千321か所から1万6千411か所へと約2倍に、在園

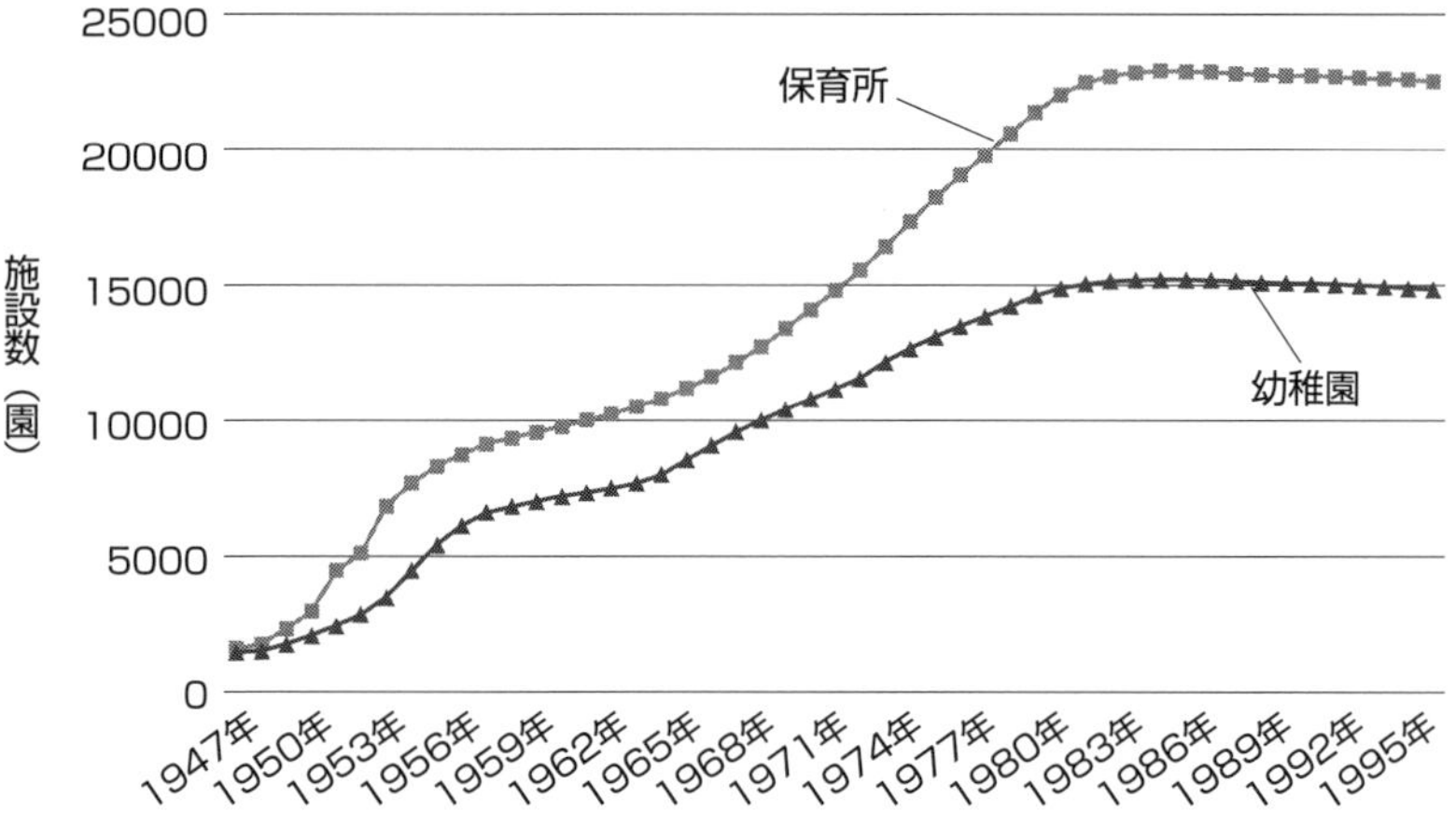

図１　保育所および幼稚園の施設数の推移（1947年～ 1995年）[25]

児数では約2.2倍に増加しました[22]。同様に、幼稚園も施設数で約2.3倍、在園児数で3.3倍に増えました。一方で、出生児数は、一九五五年の173万人に対して一九七三年は209万人であり、1.2倍と限定的だったのです。

つまり、第二の状況においては、家庭以外の保育の場で育ち育てられる子どもの割合が確実に高くなったことになります。**図1**は、保育所と幼稚園の施設数を示したものです。これをみると、多少の波はありますが、この傾向は第三の状況のはじめごろまではまだつづいており、戦後新しい法制による幼稚園と保育所は、一九八〇年ごろまではともに右肩上がりでした。ちなみに、5歳児の幼稚園就園率[23]のピークも一九八〇年前後で、64％程度です。

しかし、その後施設数の伸びは頭打ちとなり、むしろゆるやかな減少に転じました。保育所の在園児数でみると一九九五年が底であり、ピークの一九八〇年から約30万人減りました（施設数の底は二〇〇一年）。この間、出生児数はたしかに減少していますが、共働き世帯数が片働き世帯数[24]を逆転していくのが一九九二年から一九九七年ごろであり、出生児数は減っても保育ニーズは上昇していたものと推察されます。

子どもを育てるのはだれなのか

こうした状況は、なぜ生じたのでしょうか。たしかに、政府が少子傾向もにらんで保育所の新設を抑制したのは事実でしょう。しかし、それだけでなく、「子どもを育てるのはだれなのか」「子どもはどうやって育つべきなのか」という問題について、私たちの社会で十分な国民的議論ができなかったことも背景としてあるのではないでしょうか。理想と夢を現実のものにしたいという集団的要求が、第二の状況をつくりだしていました。でも、理想と夢がある程度現実のものになった第三の状況において、新たな現実の創造にむかうエネルギーが、集団的なうねりとなるには至らなかったのです。

この、日本が新しい子育てのかたちを打ちだせずにいた第三の状況に、子育ての孤立が深刻化しました。一九九九年、『地域から生まれる支えあいの子育て』という本の冒頭で、小出まみさんは次のように記しています。

「子育てを『支援』しなければならないなどと、十年前の日本社会でどれほどの人が思ったことだろう。近年、子育てをめぐる状況や人びとの意識は劇的に変化し始めた。／わが国の子育てが足もとから揺らいでいることが、広く社会の関心を集めるようになってきたのは、一九八〇年前後からだろうか。子育てを支える地域社会の共同性が薄れていく一方で、性別役割分業として母親のみに責任を負わされた孤独な子育てのひずみが現れ始めたのである[26]」

母親たちの孤立状況に敏感に反応した人びとが、一九八〇年代以降に各地で現在の子育て支援の原型となる活動を開始していたことは、たいへんな財産として記憶されてよいと思います。これらの活動は、単に親子の生活を支えるにとどまらず、障がい者や高齢者、もっと大きい子どもたち、生きづらさをかかえた青年など、多様な人びとに開かれた地域の拠点・居場所を生みだしてきました。保育所や幼稚園や学校など、すでにできた施設はそれとして充実させようと努力をかさねてきた一方で、そうしたしくみのすき間に落ちていく人びとがどんどん増えていきました。拡大する社会のすき間に対応しようとしてきたのが、子育て支援や地域の居場所の取りくみだといえるでしょう。

こうした子育ての孤立は、子育て支援にかんする施策がすすんできたようにみえる現在でも深刻なままです。私がかかわった大規模調査（二〇一六〜二〇一七年、北海道）でも、2歳児のいる世帯の保護者（回答者はほぼ母親）のうち、「日ごろ立ち話をする相手はいますか」という質問項目に「いない」と回答した割合は札幌市（1千389世帯）で約16％、札幌以外の北海道各地の30市町（1千474世帯）で21％にのぼりました。この項目は、直接対面的な人間関係での孤立度を知るためのものです。5〜6人に1人の母親が、孤立している可能性を示唆します。同じ項目について、5歳児のデータでは約6〜7％であり、2歳児の三分の一程度でした。2歳児の保育所在籍率は5割程度に増加していますが、それでもなお、3歳未満児をもつ保護者の孤立は顕著です。また、この孤立傾向は、世帯所得とも関連しており、低所得世帯の保護者ほど立ち話をする相手は「いない」と回答する割合が高くなりました。[27]

(5) うとまれる「発達」

さて、先に私は、「この第三の状況において、『発達』の概念は大きな問いなおしを余儀なくされたと考えられます」と述べました。それは、子育てがリスクとなり、孤立化したことと深く関係します。第二の状況で育てられた「発達」の概念は、人びとを結びつけるシンボルでした。「権利としての発達」という考え方と研究による科学的な根拠づけは、理想と夢の社会の実現をあと押しするものだったのです。そして、その成果は、多くの人びとに享受される普遍性をもっていました。

しかし、第三の状況では、隣人訴訟にみたように、子育ての支えあいや「みんなの子」という社会意識がどんどん後退しました。他の親子とかかわることそのものが、つねに緊張をともない、「うちの子」への不安をかきたて、親としての自尊心が傷つくリスクと感じられるようになりました。このような時代状況において、親たちにとって「発達」は知りたい情報であると同時に、自分をおびやかしさえする両刃の剣に変容したと考えられます。科学がすすみ、生活が便利になるなかで、物事を予定どおりにコントロールすることになれきった私たちにとって、「発達」を知ることは、子どもの未来を予測し、おとなの期待にそうようにできるのではという〝錯覚〟を呼びこんできたということはないでしょうか。でも、わが子は育児書のようにならないし、むしろ親の期待を逆なでしているのではないかとすら思ってしまう日常がありました。

●専門家からも

第三の状況では「発達」という考え方や発達心理学に対して、各種専門家からの厳しい批判も登場しました。たとえば、以下のようなものです。

「いまの学校は荒廃しきっているのですけれど、それは、教育学なり児童心理学なりというものが、子どもを見るということをしないで、子どもとはこういうものだ、という決めつけかたをしてきたせいではないか。／とりわけ発達心理学というのがひどいですね。まず、決めつけ、が先行している。その決めつけに、あてはまらないと、もうだめだと烙印をおされてしまう。たとえば、生後一年で子どもは歩けるんだ、というようなことをいう。すると、歩けない子の親は心配になってきて、ついには育児ノイローゼになってしまう。百人の子どもがいれば百人とも違うんだという、柔軟な考え方をしない。ゆっくりと歩けるようになった方が、足が丈夫になっていいんだ、という考え方もできると思うんです。ところがそういう考え方を許さないんですね。発達心理学にもとづく育児論が、どれだけ親や子どもたちを不幸にしてきたか、はかり知れないものがあります。私などは、発達心理学と聞いただけで、怒りがこみあげてくるんです」[28]

ここで「発達心理学にもとづく育児論」というのは、あらかじめ決められた標準的な到達水準に照らして、「うちの子」はどの辺にいるかをたえず気にするような育児ということでしょう。構造としては、受験生が自分の偏差値で志望校を決めるのと同じ発想といえます。ですから、これはむしろ、「偏差値にもとづく育児論」といったほうが正しいかもしれません。ずーっとそうやって育児をするのは、たしかにしんどい。

ただ、ひとくちに「発達心理学」といっても、発達研究の積みかさねや発達観の見なおしもすすんできた現在からみると、標準の枠に子どもを当てはめて決めつけて終わり、というようなずさんなものばかりではありません。現代の発達心理学は、内発性にも到達性にも回収されない、〝矛盾性〟に発達の原動力をみる理論[29]や、個々人の発達過程の多様性への注目も高まり、また文化や歴史的状況による標準性(何が「ふつう」か)のちがいなどにだいぶ敏感になってきたと思います。

しかし、人びとの「発達」のイメージというのはそう簡単に塗りかえられるものではなく、いまも一般的に発達といえば、「〇歳になると何ができる」式の見方が支配的であるのが現実でしょう。科学に裏打ちされた法則や標準性の確立によって、みなが新しい社会のしくみを享受できた第二の状況には、「発達にもとづく理解・保育・子育て」をしっかりと受けとめる社会的・集団的土壌があったのだと思います。ところが、第三の状況のように、集団性がほどけて孤立した育児環境が深刻化してきたとき、「発達」が人びとを不安にさせ、分断し、序列化する作用をもってしまったのも一面の事実だと思います。先のような批判は、そうした状況に対するカウンターパンチとして、一定の支持を得るようになったものと思います。

第7章　「発達」と社会のいま

1　第四の状況——「失われた20年」から現在

(1)　ばくぜんとした不安

"ロスジェネ" 世代が生まれたころ

私は第三の状況に生まれ、基本的な社会観を形成した世代です。子ども時代、米ソ冷戦構造の下で核戦争のこわさもあり、身近には光化学スモッグなどの公害、校内暴力（教師による対生徒暴力をふくむ）や家庭内暴力（子どもが親に暴力をふるうもの）、いじめや学級崩壊のようなものもありましたが、日本全体の空気感としては「豊か」で、「成長」していて、「平和」な印象でした。「平和ボケ」などという表現もあったほどですが、後になるとこの時代にも「子どもの貧困」がひろがっていたことが明らかになりました。

高校3年から大学に入るころに、いわゆるバブル崩壊があり、就職氷河期の第一世代となりました。後に、

私たちの世代は〝ロスト・ジェネレーション〟（ロスジェネ、失われた世代）と呼ばれるようになりました。このバブル崩壊後の経済低迷は、当初「失われた10年」といわれていましたが、やがて「失われた20年」となり、そろそろ「30年」がみえてきました。

ロスジェネは、一九七〇年代から八〇年代初頭ごろに生まれた世代で、人口は1千500～2千万人にものぼるといわれています。いわゆる団塊ジュニアに相当し、二〇一九年の現在、30代なかばから40代後半にあたります。第三の状況であれば、終身雇用を中心とした企業福祉的な雇用環境がひろがるなかで希望者の多くが家族を形成して子育てにいそしんでいた年代です。しかし、ロスジェネ世代では30代なかばから40代なかばの非正規雇用率が3割におよび、とりわけ女性で5割以上と高くなっています（男性は1割弱）[1]。未婚率の上昇もあり、親と同居の場合、親に介護が必要になったり亡くなったりした際に一気に貧困状態におちいる可能性があり、近年、「女性の貧困」問題と呼ばれるようになっています。[2]

ひろがる不透明感

第四の状況は、このロスジェネ世代が順次成人をむかえる一九九〇年代なかばから現在につづいています。〝うわついた感じの豊かさ〟が基調となっていた前の状況に対して、第四の状況は先ゆきの見えない〝不透明感〟が日本社会を（いや、世界中を）おおっているようです。もはや、のんきに〝虚構〟などを生きていられない、何かに追い立てられるような日常、ばくぜんとした不安が身体感覚からはなれないような状況になっています。この間、どんなことが起こってきたのでしょうか。

社会の基盤的な不安感には、やはり相次ぐ大規模自然災害があるように思います。一九九五年一月一七日午前5時46分52秒、阪神・淡路大震災が発生します。都市直下型の大地震であると同時に、メディアの情報伝達能力が発達した社会での災害であったことが、私たちに強烈な印象を与えました。2か月後には、都心のラッシュ時間帯にオウム真理教メンバーによる地下鉄サリン事件が起こり、すぐ足もとにテロがあることに衝撃を受けました。統計では、凶悪な少年犯罪は明らかな減少傾向にあるのですが、一方で神戸連続児童殺傷事件（一九九七年）や佐世保女子児童殺害事件（二〇〇四年）など、〝動機が不透明〟な事件におとなたちがとまどうようになり、子どもたちの〝心の闇〟という表現も多用されました。

●「危機管理」の浸透

地域の治安対策や学校の危機管理が強化されたのも特徴です。一九九六年、映画『男はつらいよ』の舞台で人情味あふれる下町風情で知られる東京都葛飾区柴又、まだ暑さの残る九月九日の夕刻に放火事件があり、女子大生が焼死体で発見されました。当時、そのあたりはまだ鍵をしめていない家もけっこうあったようなのですが、この事件を機にこわくなったと柴又に住む友人が話していたのを思い出します。二〇〇一年には、大阪教育大学の附属池田小学校で、1・2年生8人が刃物で無差別に殺害される事件がありました。この事件が、以後学校の危機管理と防犯体制の強化に決定的な影響を与えました。かつては出入りしやすかった学校や園が、いまでは保護者でもインターホンで名のらなければ鍵をあけてもらえない状況になったわけです。そして、通学・登園途中やお散歩中の自動車の突っこみ事故の頻発も、親たちの心配を増幅させています。

基調にある災害へのおそれや傷つきのうえに、これらの事件がかさなり、第四の状況では〝体感治安〟の悪化に歯どめがかからなくなっています。そこにはインターネットによる社会情報基盤の構造変化もかかわっています。何が正しい情報で、何が〝フェイク〟なのか。孤立した子育てにおいて、インターネットやスマホは親たちの頼みの綱であると同時に、不安をかきたてる装置にもなっています。人口減少や地方の衰退、

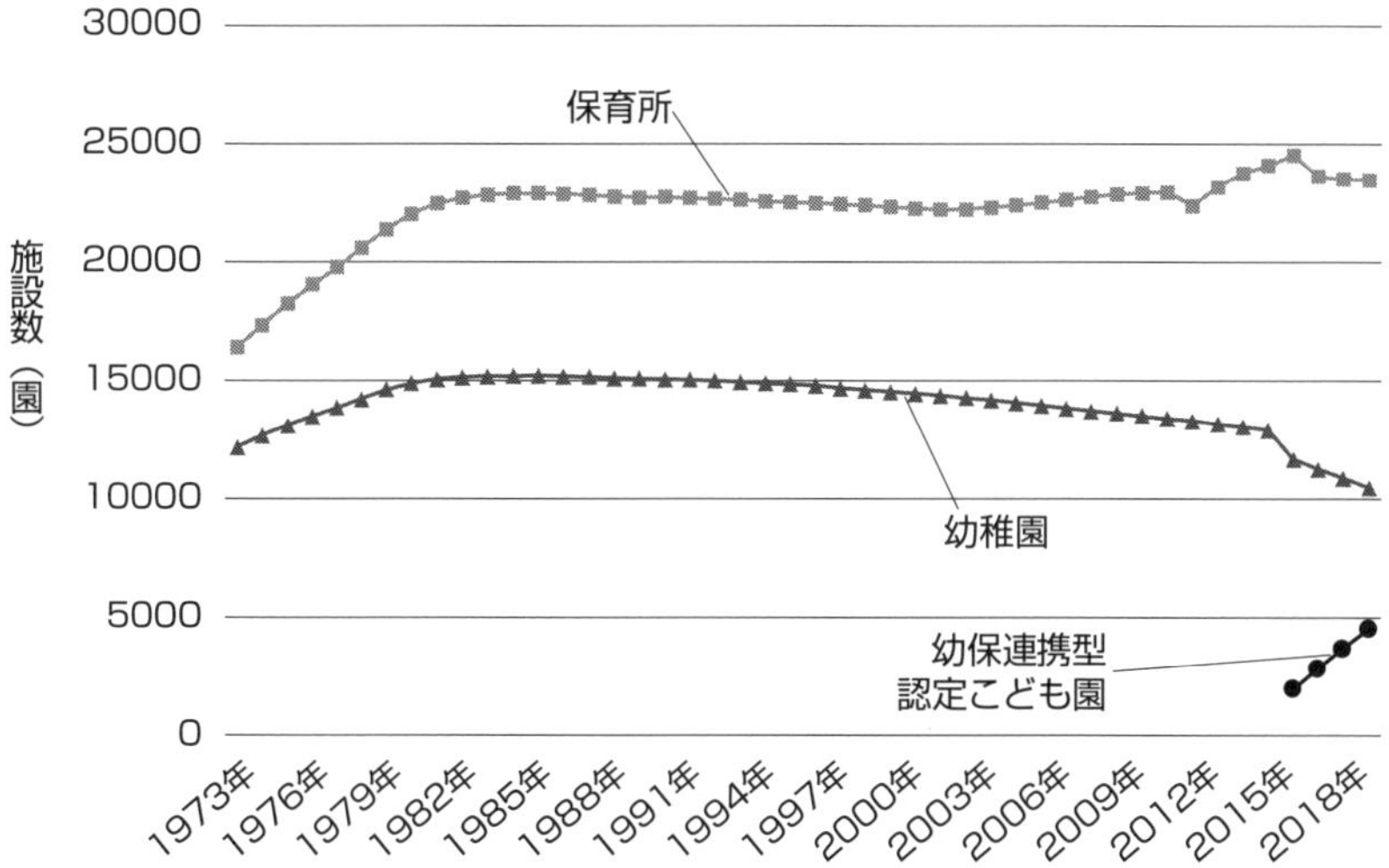

図１　保育所および幼稚園等の施設数の推移（1973年～2018年）3

格差と貧困のひろがりも第四の状況に明確になりました。

（2）保育をとりまく環境の変化

前章でみたように、保育所も幼稚園もともに、施設数でみると一九八〇年ごろをピークにゆるやかな減少傾向に入りました。その状況に変化が生じたのも第四の状況です。**図1**は、一九七三年から二〇一八年までの施設数の推移です。これをみると、幼稚園は一九八五年の1万5千220園をピークにゆるやかに減少してきたことが分かります。一九九〇年代の終わりごろから「預かり保育」がひろまり、二〇〇二年には構造改革特区で幼稚園における2歳児保育も試みられるなど、出生児数の減少と子育て不安、共働き世帯の増加などの社会状況の変化にともない、幼稚園の社会的役割についての模索がつづいてきました。その後、二〇一五年のいわゆる子ども・子育て支援新制度の導入にともない、大きく減少局面に入っています。これは新たに設置された幼保連携型認定こども園への移行による影響が大きいでしょう。

●幼児教育にかんする初の答申

二〇〇五年には文部科学省としてははじめて、幼児教育に特化した中央教育審議会の答申をまとめました。『子どもを取り巻く環境の変化をふまえた今後の幼児教育の在り方について』と題された答申では、「子どもの育ちの現状」として、基本的生活習慣や態度の未確立、他者とのかかわりの苦手さ、自制心や規範意識が十分に育っていない、運動能力が低下している、小学1年生が教室で集中できない、知識が断片的で学びへの意欲が低いといったことが指摘されていました。そのような、「子どもの育ちの変化の社会的背景」として、大きく以下のように述べられています。

「少子化、核家族化、都市化、情報化、国際化など我が国経済社会の急激な変化を受けて、人々の価値観や生活様式が多様化している一方で、社会の傾向としては、人間関係の希薄化、地域における地縁的なつながりの希薄化、過度に経済性や効率性を重視する傾向、大人優先の社会風潮などの状況が見られるとの指摘がある。／このような社会状況が、地域社会などにおける子どもの育ちをめぐる環境や家庭における親の子育て環境を変化させている。さらには、このような変化に伴い、（中略）幼稚園等施設の教員等にも新たな課題が生じている。／そして、これらのことが複合的に絡み合って、子どもの育ちに影響を及ぼしている要因になっているものと考えられる[4]」

こうした現状認識をふまえて、乳幼児期の総合施設として二〇〇六年に「認定こども園」が構想され、紆余曲折をへて二〇一五年の幼保連携型認定こども園に至っていることになります。[5]

●保育所をめぐる状況の変化——規制緩和の影響

一方、保育所数も一九八五年から減少傾向にありましたが、二〇〇一年を底にしてふたたびゆるやかに増加してきました。これは〝少子化〟対策である「エンゼルプラン」(一九九四年から5か年)、「新エンゼルプラン」(一九九九年から5か年)の影響によるものですが、この一連の保育政策は、いわゆる規制緩和をともなうものでした。具体的には、保育所定員の弾力化(一九九八年)、短時間職員配置の緩和(一九九八年から段階的。二〇〇二年に最低基準であった保育士定数の2割未満の規制を撤廃)、認可園の設置主体の制限撤廃(多様化)(二〇〇〇年)、そして、二〇〇四年には公立保育所運営費の一般財源化がありました。

これらによって、都市部では定員超過の園があたりまえになり、とくに公立保育所において保育士の雇用が不安定化しました。〝一般財源化〟というのは、もともと補助金として国が地方自治体に保育所運営に限って使用するように〝枠〟をつけていた予算を、他の事業にも使っていいようにしたということです。保育に対する深い理解がない場合、非正規でいいなら非正規を増やそうという安易な政策におちいりがちです。事実として、現在は公立保育所に勤務する保育士の約6割が非正規雇用になっています。[6] 1年はおろか、数か月単位の臨時雇用も多く、次つぎに入れかわる保育士に保護者も子どももとまどう事態が生じています。

(3) 子どもをとりまくあそび環境の変化

もう一つ取り上げておかなければならないのが「あそび環境」の変化です。近所、つまり家から徒歩圏内の地域が、おそらく人類が定住生活をはじめた太古の時代から、子どもにとってもっとも魅力的で必要な経験を積ませてくれるあそび環境でした。雑木林や原っぱ、道端や空き地。家族や近所の人がいとなむ生業の周縁にある作業場的空間。神社や寺。池や川や海辺。戦後になれば遊具のある公園など。どれも半径数十メートルから数百メートルの範囲に、子どもの手と足でとどくあそび環境がありました。これらは、おとなの規制や制約から比較的自由であるということが、決定的な意味と重要性をもっていたのです。第三の状況から第四の状況に至る過程で、この「子どもの世界」がいちじるしく衰退し、また侵されることになりました。

●あそび場を奪われた「天才」たち

子どものあそび環境の問題を、建築家の眼をとおしていちはやく世に問うたのが仙田満さんです。仙田さんは、一九九二年に出版した『子どもとあそび』で、世のおとなたちに次のように問いかけました。

「子どもはあそびの天才だから、どこでもいつでもあそびを発見し、発明することができるとよく言われる。しかし、それにはやはり豊かな環境――余裕のある気持ちと空間――があって、という前提が必要ではなかろうか。／現代日本の都市で、子どもはあそびの天才だからどこでもあそべる、ということが、子どもたちのあそび場を確保しなくてもいいという言い訳に使われなかっただろうか。空き地も山も川も、どんどんと都市化し、かつての子どものあそび場を建築物で埋めつくしてしまわなかっただろうか。いま子どものあそびの天才の能力が発揮される町はいくつあるだろうか」[7]

仙田さんは、その後の調査により、高度経済成長期以降の子どものあそび環境の変化について、空間量（面積）の観点から調査を行い、**図2**のように示しています（横浜市での調査）。図をみると、一目で空間量の

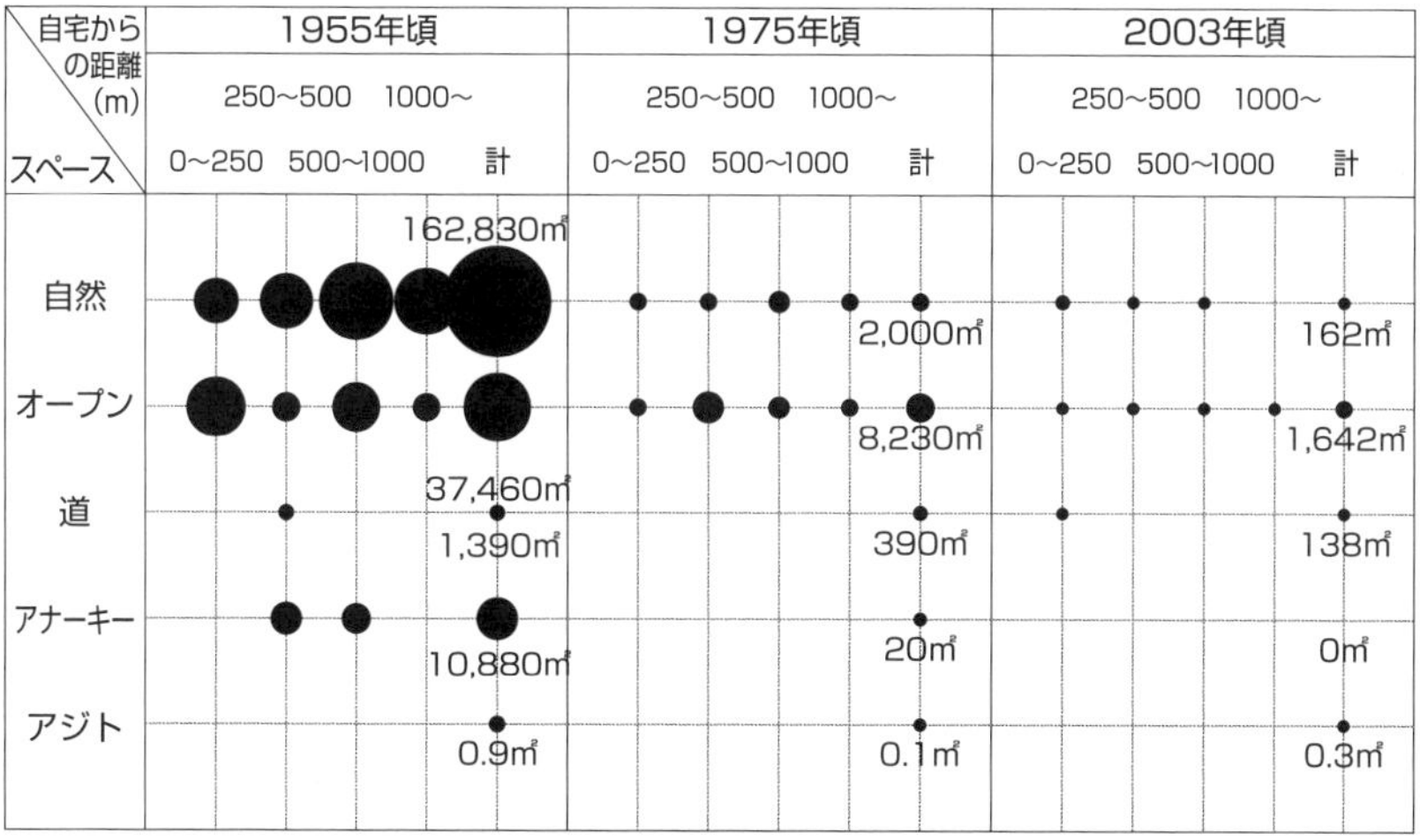

図2　子どものあそび空間量の変化[8]

激減を体感します。高度経済成長の入り口である一九五五年からオイルショックをへた一九七五年までのわずか20年のあいだに、あそび環境は無残なほど痩せました。なかでも、雑木林のような「自然」スペースは、八〇分の一にまで減りました。なお、こうした傾向は横浜のような大都市だけでなく、山形などの物理的には自然が残っている地域にも共通する変化であることが、仙田さんたちの調査で明らかになっています。つまり、そうした場所があっても、子どもたちがあそび場として認識できるスペースではなくなってしまったということです。

●そこで何ができるのか

「アナーキー」や「アジト」というのは、子どもが秘密基地をつくったり、ガラクタであそんだりする空間ですが、二〇〇三年にはほぼゼロになってしまいました。「道」も、かつては子どもの社交場でしたが、その空間量はもちろん、安全の面でおびやかされてきました。「オープン」スペースは、原っぱや空き地が多かったと思いますが、現在はほぼ公園です。しかし、「ボール禁止」「スポーツ禁止」「花火禁止」などは序の口で、「遊戯禁止」「飲食禁止」とされる公園もあり、子どもが入ることはほぼ不可能になります。「人の迷惑になること禁止」というのもあって、こういうジョーカーのようなおふれをだされると、もう何でも禁止になる可能性があります。おとなでさえベンチでじっと息をころしているしかないでしょう。

子どもにとってどんなあそび環境が必要なのかという問題は、どのような空間があるのかということだけでなく、「そこで子どもは何ができるのか、何が経験できるのか」という観点で考えられるべきものです。現在の環境は、「いかにおとなが責任を回避するか」という観点からつくられています。しかし、私たちがそのように考えてしまうのも、やはりリスク社会という大きな歴史的状況を背景としているのです。

(4)「発達」の道迷い

加えて、日本の場合にはとくに、戦後のあまりに速すぎる社会改造のツケが、あそび環境の問題を根深いものにしていると考えられます。すなわち、大家族や村落共同体的な社会における「みんなの子」という意識が急速に後退し、それぞれが競争的・敵対的関係になりうる「うちの子」という意識が急速に支配的になってしまったために、「どの子」にも必要な環境と経験とは何かにかんする社会的な合意がほとんどないまま、現在まできてしまったのが日本です。

社会が豊かに発展したかにみえた第二・第三の状況の地下で、「みんなの子」意識の空洞化が限界に達し、地盤沈下を起こしたのが第四の状況といえるでしょう。この時代において、「発達」は、その発展する方向性を見失ったようにもみえます。少なくとも、第二の状況のように、「みんなの子」を守り育むための社会運動の〝武器〟にはなりえない状況にあります。発達を語り、発達を科学的に緻密に説明していくほど、孤立した親子を追いつめてしまうかもしれないというジレンマに立たされているのです。それは、発達研究の正しさが不徹底だから生じている問題ではなく、第二の状況で練り上げられてきた発達観が、現代のように〝つながり〟の痩せた生活現実では、多くの親子が受けとめきれなくなっている、ということです。

したがって、私の考えでは、いまは「発達」のほうではなく、「保育」や「子育て」とは何をすればいい実践なのかを優先的に考えるべき局面です。子ども・親・保育者が心身の滋養をたくわえ、元気になるためには何をその基本条件とするか、一定の社会的合意をとりつけていくべき状況、それが第四の状況だと考えます。

ところが、第三の状況から第四の状況へとつづいた長い「発達の道迷い」に業を煮やしてか、近年になって、発達保障や保育運動などとはまったくべつの観点から「発達」がもてはやされるようになりました。それが、「投資」という観点です。

2 投資対象は「子ども」か「社会」か

(1) 人的資本論の席巻

子どもを経済的な観点から意味づけるというのは、いまにはじまったことではありません。少なくとも、近世に家の継承者として子どもが重宝されるようになってからは、家督のみならず家財を相続し家を経済的に維持・発展させる存在として、民衆のあいだでも子どもは新たな価値をもったと考えられます。しかし、資本主義体制がすすむと、家財を相続するというにとどまらず、「投資」の対象としての新たな子ども像が現実味を帯びてきます。明治維新後ものすごいスピードで設置・普及されていった小学校は、まさに国家による子どもへの教育投資の最先端でした。

一方、親や家庭による子どもへの教育投資の必要性がひろく認識されるようになったのは、高度経済成長期をへて高校進学率が90%をこえた一九七〇年前後からで、一九九〇年代の前半には強固に定着しました[9]。この時代に、世界はヒト・モノ・カネ・情報がやすやすと国境をまたいで流通する、いわゆるグローバル資本主義に突入しました。そこであらわれた経済概念であり教育概念でもあるのが、「人的資本」という考え方です。「資本」は、学説によっていろいろな意味あいがありますが、大きくいえば生産活動を拡大させる元手のことです。私たちは、過去の生産活動によって、次の生産活動のための溜め（ストック）をつくっていきますが、資本とはこの溜めのことといってもいいかもしれません。

古典的な資本は金銭や株式のようなもの、設備とか建物のようなものですが、20世紀後半になると、人間に身につけられた能力や知識や健康状態が最大の資本だと考えられるようになりました。これが、人的資本です。固有の「その人」ではなく、「何ができる人材か」「どんな健康状態の人材か」ということが、付加価値を生みだす資本かどうかの判断基準になります。容易に想像できるように、この考え方の下では、人間はモノと同じ論理で計算され、投資対象となります。人物そのものは交換可能な存在とみなされ、資本家や経営者にはスキルや知識や健康状態といったものが前面に、リアルにみえてくる構図です。

費用対効果と〝発達アウトカム〟

人的資本論においては、教育や訓練はすべて「投資」であるとみなされます。そして、投資であるからには、その投資がどの程度有効であるのかという費用対効果（収益性）で教育の良し悪しを測ることになります。しかし、保育のように、臨機応変で日常的な子どもや保護者へのサポートが複雑にからみあった実践の効果が、いつどのようにあらわれるのかを予測することはたいへんにむずかしいことです。保育の場があることで、玄関先の立ち話や保護者同士の偶然のつながりが生まれ、苦労の多い子育ての日常を底から支えていることもありますが、こうしたことは投資の結果として収益性を評価するという行為にはなじみにくい部分です。「子どもの貧困」への対策として各地ですすめられている学習支援も、じつはじっくりとつきあってくれるおとなに出会うことによって、子どもたちが「社会への信頼感」を回復させるところに重要な意味があるとの指摘もあります。[10]

近年、教育を経済学的にみる言説に、「発達アウトカム」ということばがあります。〝アウトカム〟とは、まさに投資の効果・成果を表現する語であり、人的投資論においては、能力や学歴、所得や社会的行動（犯罪率や生活保護率など）として計算されるものです。個人が、その能力と希望・必要に応じて、自分自身にさまざまな資質やスキルを身につけようとしたり、新しいことに挑戦していこうとする機会は保障されるべきでしょう。しかし、〝人材〟開発のために人的資本を強調しすぎることは、収益性のみえにくい領域を削減しやすくし、結果・成果が自己責任として引き取られる傾向を助長するおそれもあります。うまくいった人は高い利益を得て、うまくいかなかった人は自己責任だから仕方ないと切り捨てられてしまいます。そうなると、〝投資〟が格差を拡大することになります。

（2）社会のしくみをシフトする

現代社会を生きる私たちの実感のなかに、子育てや教育を将来への投資ととらえる感覚や、履歴書で「何ができる人材か」を分かりやすく証明するために習い事や資格取得にいそしむ感覚は、厳として存在しているのもたしかです。そこには、自由な競争の下で自己を他者から差別化し、自己決定・自己選択によって得た結果がプラスでもマイナスでも自己責任として引き受けるのが当然という、いわゆる新自由主義的な感覚や意識が下支えになっています。

子どもに対してであれ、自分に対してであれ、〝付加価値〟を高めようとして投資対象とみなすとき、それはあせりや不安ともなり、他者に「遅れまい」「負けまい」という意識が、私たちの行動を駆動します。そうした行動原理は、他者と敵対的になること、個々人が孤立することをたやすく呼びこむかわりに、他者と協働すること、自分の存在そのものが肯定される経験を積むことをむずかしくします。つまり、人が成長・発達していくにつれて、「自己実現」と「他者との共生」の両立のハードルが、どんどんつり上がってしまうのです。

●私たち自身の矛盾として

乳幼児の早期教育や子どもの貧困状況の実態を知って、過剰な競争や社会的排除に異をとなえることはできます。しかし、問題は根深く、実際には自分たち自身がたがいに競争をあおり、知らぬまに排除を生みだしている構造があるわけです。こうしたジレンマについて、児美川孝一郎さんは以下のように述べています。

「確かに、〝自立した個人＝自己決定＝選択＝自己責任〟という論理の系譜から立ち上げられる人間像は、まぎれもなく新自由主義のものであるが、それは、これまでの教育研究が想定し、理想ともしてきた人間像と、それほど遠いものではないように見える。（中略）それは、日本型の企業社会と市民社会のシステムによって、半ばは強制的に順応させられてしまった生活感覚であるかもしれないが、半ばは、戦後の日本社会の歩みのなかで、日本の大衆自らが〝主体的〟に選んできたものでもあるからである」[11]（傍点原著者）

ここに、現代社会の矛盾、あるいは解決しなければならない最大の課題があると思われます。「乳幼児期への投資」はたしかに重要でしょう。しかし、その投資の効果を、ただ個人の「発達アウトカム」としてみるならば、子どもたちを早期に分断し、格差や社会的排除を拡大させ、親や保育者の不安やあせりをより根深いものにするでしょう。

子育てや子ども観は、経済的な側面を抜きに語ることができません。それは人間の子育て・子育ちが、類として高度に社会的な性質を帯びているがゆえです。ただしその「社会的性質」は、能力やリスクを個人や家族に還元し、その総和によって巨大組織や国家の富や強さを測ることには尽きないものです[12]。にもかかわらず、人の育ちについて、ミクロ（個人、家族）とマクロ（国家、巨大組織、グローバル経済）を直接結びつけようとする発想や言説は、まさに「発達」の語が翻訳された時代にもみられたものではないでしょうか。

児美川さんは、真にメスを入れるべきは新自由主義そのものではなく、私たちを競争と相互排除に追いこむ「新自由主義」と、その「私たち」との〝共犯関係〟なのだと説いたうえで、次のように投げかけています。

「だが、（中略）新自由主義が想定する人間観やその社会的ルールが有する本源的な問題性は、（中略）『選択』と『自己責任』という新自由主義のルールを、誰に対しても例外なく適用しようとする点にこそある。端的にいえば、『同一ルールの同一適用』という原則を可能にしてしまう『自立した個人』という想定こそが、じつは、誰でもが同一の条件でスタートラインに立てるわけではない『人間存在の多様性』と矛盾し、能力主義の原理を必然化するとともに、その帰結として『自己責任』にもとづく『弱者』切り捨てをも容認することにつながるのである。（中略）だが、そうした『自立した個人』という想定を批判し、乗り越えていけるような思想的・実践的な拠点は、はたして現在の日本社会において、どれだけ存在しているだろうか」[13]（傍点原著者）

私たちが、子どもと子どもを育てる人びとと暮らしていくのなら、社会のしくみの前提を、「強く自立した個人」から「弱く育ちあう個人」へとシフトし、個人の発達アウトカムよりもむしろ、社会の〝つながりアウトカム〟を優先的に考えていく必要を感じます。これは、子育てをめぐる時代状況の変化を分析したうえでの、私なりの仮説です。そして、「保育」こそが、その「思想的・実践的な拠点」の一つになりうると考えています。

●「強く自立した個人」から「弱く育ちあう個人」へ

人間の赤ちゃんが弱く命がもろいこと、よく泣き手がかかること、発達がゆっくりで自立に長期間かかること、これらにはすべて類としての意味があります。どんなに医療が進歩しても、日常生活者として共生する乳幼児の命は弱くもろく、そして、その人たちを身近で守ろうとする人もまた、弱くもろいのです。近代資本主義社会の家族形態においては、子育て期・子ども期が、老齢期とならんでもっとも貧困リスクの高いライフステージになること、それは個人や家族の努力の問題ではなく、社会・経済的な構造的問題であることがこれまでの貧困研究で実証的に明らかにされてきました[14]。ほかならぬ、こうした社会のなかのもっとも弱い子どもとおとながより集まり、主体として生きることを追求してきたのが、現在まで連綿とつづく保育の歴史です。

●個人の発達アウトカムから〝つながりアウトカム〟へ

経済的な観点を欠いた対策や政策は、往々にして短期的な対症療法におちいりやすいという論者の指摘も重要です[15]。問題は、教育や保育の〝成果〟について、どうすれば過剰な個人化を避けることができるか、どうすればより〝関係的な次元〟に求めることができるか、ではないかと思います。近年、このような考え方と共鳴する政治学者や経済学者の指摘も増えてきました。たとえば、三浦まりさんは、投資という観点の必要性をふまえたうえで、成果やリスクの個人化をまねくおそれのある人的資本への投資だけでなく、社会関係資本（人びとのあいだの信頼や協調関係など）への投資を重視する「社会への投資」を呼びかけています[16]。社会への投資は、人びとのあいだの〝つながり〟をきずくことをとおして、〝個人〟を元気にしていく方法です。

保育の場でいえば、Aちゃんのこういう能力が何点伸びましたとか、B君はこういうプログラムによってこんな有名人になりましたというような、個々人の「発達アウトカム」で保育の〝費用対効果〟を測るようなことは、第四の状況におかれた親子にとってどんな意味をもつか、想像にかたくありません。そうではなく、多くの親子にとって、その保育の場が「ほっとできる」「あってよかった」「卒園してもまたもどりたい」と思える場になっているかどうかに着目するのです。そこが自分の居場所だと感じられるとき、そこには人、地域、環境などとのさまざまな関係性が生まれているはずです。〝つながりアウトカム〟とは、そうした関係性の総体としてイメージされます。

3　「保育」と「発達」の結び目にどうアプローチするか

日常生活者にとって重要なのは、人びとが具体的に支えあう〝つながり〟の存在であり、家族のようにせますぎることもなく、ひろすぎてたがいの顔が見えなくなってしまう規模でもない中間的な場やコミュニティを新たに構想していくことだという指摘があります。[17] 保育とは、まさにそうした中間的なつながりの拠点となりうるものです。保育は、「社会への投資」における最重要の領域になってくるでしょう。

130年前に輸入された「発達」という考え方は、その時代状況と結びついて、その意味あいや社会との関係性を変化させてきました。「保育」に新しい社会的役割や期待が寄せられてきた第四の状況において、私たちは発達のとらえ方そのものをリフォームしていく必要にせまられているのではないでしょうか。「社会への投資」の考えにもみられるように、私たちは個人を支えるつながりの次元に、「発達」を読みとっていかなければならない局面にきています。

では、それは具体的にはどのようなことなのでしょうか。大きな視点としては、保育を「個人を尊重しつつ、個人をこえるいとなみ」と位置づけます。しがたって、保育の社会的価値は、子ども個人や保育者個人がどれだけの成果をだしたかにおわらず、むしろ、保育をとおしてどのような〝つながり〟が生まれたかを重視します。そのうえで、「保育」と「発達」のこれまでの結び目に対して、三つの視点からアプローチします。

（1）「年齢」と発達の関係

一つめは、年齢と発達との関係の見なおしです。個人を単位とした発達研究は、どの子どもにも客観的にあてはめることのできる尺度（モノサシ）として、年齢や月齢を重視してきました。客観的な目安がほとんど確立していなかった時代には、年齢や月齢を基準にして子どもの行動や心理を予想し、理解することは、子どもへの共通理解をつくるために重要な意味をもったと考えられます。しかし、こうした見方が強くなりすぎると、子どもがすること、言うことを何でも年齢や発達的標準の観点から解釈してしまいがちになります。

心理学には、「予言の自己成就」という理論があります。人びとが「こうだろう」と思いこむと、意識しないでも自分自身の言動がその思いこみにひっぱられ、またかかわる相手もその期待を反映した言動に誘導されるというメカニズムです。また、「認知的不協和」という理論もあります。これは、人の行動や態度は、自分が信じていることと調和するように選択され、自分の信念に合わない情報を選択的に避けるというメカニズムです。ジェンダー（社会的に形成される性）と同様に、年齢と発達との関係においても、「こういう姿は△歳らしい」というように、年齢と子どもの姿を結びつけすぎてしまうと、一人の子どもがもつ多面性や、その年齢期のもっと多様な側面を見落としてしまう可能性があります。

子どものふるまいや姿、おとながそのなかで何を〝問題〟としてみようとするかは、社会的環境条件に強く方向づけられています。発達を個人に閉じられた能力とみるのではなく、社会的役割の変容としてみる考え方、どんなに幼い子どもでも、自分が生活するコミュニティの実践に「参加」しているのだとみる考え方、そして、現代の日本社会における保育環境との関係で子どもの姿をとらえなおしてみたいと思います。年齢と発達の結びつきをゆるめ、むしろ子どもと環境・文化との関係に着目することで、保育を再考していく手がかりが得られるでしょう。この問題については、**第4部**の三つの章で考えていきます。

(2) 子どもの〝テーマ〟への視点

二つめは、子どもがその生育歴や現在の生活のなかで育んできた〝テーマ〟に視点をおくということです。テーマというのは、その子がこだわっていることであり、ゆえに成長発達の原動力になるものです。教育的な観点に立った場合、おとなは「協調性を育みたい」「あそびこむことが重要だ」など、ほぼ必ずテーマをもっています。それは保育指針や教育要領から導かれることもあるし、園の理念やその保育者個人の「やりたいこと」とかかわっています。発達心理学の理論というものも、おとなにテーマを与えます。「このような能力の発達のために、このようなはたらきかけが必要なのだ」という思考は、おとなにとっての発達支援の目標であり、いま大事にしたいテーマとなります。このテーマや仮説というものを助けるのが「発達の節《ふし》」についての学習です。ここで発達の節とは、第二の状況から第三の状況（104頁）において発見されてきた、どの子にもある程度共通する発達の順序性を意味します。

一方、子どももテーマをもっているのですが、それはすぐに具体的な「やりたいこと」につながるわけではありません。やりたいことが見つかったときというのは、その子が自分のテーマに気づくときでもあり、またテーマが変容したり発展したりするきっかけでもあります。子どものテーマをみていくときには、発達の節だけでは不十分であり、もう一つの節である「できごとの節《ふし》」を意識する必要があります。できごとの節とは、それぞれの子どもや人間関係において、変化のきっかけとなる歴史的な節目を意味します。できごとの節は、子どもが具体的な環境や他者との関係をつくりだす過程で生まれます。それは、偶然もふくむ一回きりの節として、後々になってふり返られ、意味づけなおされたりします。

このふり返りと意味づけなおしをうながすことによって、できごとの節は、その個人や関係者にとって人生の〝テーマ〟の一部となりうるものです。〝テーマ〟は、その人の関心や自分らしさを具体化していくための、心理的フィルターのようなものです。したがって、できごとの節をきざんでいくことは、発達の節をきざむことと同じくらい重要です。

テーマやできごとの節を考えていくとき、保育の「あそび」とは何かが見えてくると思います。とくに、障がいをもっていたり、集団行動はあまりしない子どもの保育を見なおそうとするときに、テーマやできごとの節からあそびをとらえることの意味が明らかになります。**第5部**の最初の二つの章でくわしくみていきます。

(3)「信頼」の中間共同体

三つめは、保育の公共的性格を位置づける試みです。とりわけ、そこに集う人びとにとって、社会への「信頼」を育む〝中間共同体〟として保育を再定義することの意義を考えます。これからよりひろい社会に向かって歩みだしていく親子にとって、保育という実践をとおして得られる最大の価値は、「この世の中は自分たちを見捨てない」という基本的信頼だと考えられます。基本的信頼というと、一般には心理学において乳児が養育者に対してもつ感情や信念を意味します。しかし、幼い命を守ろうとする養育者自身も弱くもろい立場におかれています。困ったときは助けてくれるという他者一般に対する基本的信頼の形成は、保護者にとっても一番重要な〝保育経験〟であり、つながりアウトカムとみなすことができます。そして、保育者にとっても「信頼」はもっとも重要なつながりアウトカムです。保育者自身による「保育」への一般的信頼は、保育の場を拠点として、おもしろさや必要に応じて「やってみる」ことができるという経験の集団的蓄積に支えられます。

子どもは、身近で小さい社会から、より一般的な他者・社会への「信頼」を形成します。現代家族は孤立しがちで、家族だけでは「信頼」を十分に育めないことがあります。保育の場は、ある程度顔の見える家族の集合であり、地域とのゆるやかな関係性をもっています。それは、小さすぎず大きすぎず、中間的な共同体として「信頼」の根っこを形成しうる場です。このテーマについては、**第5部**の後半の二つの章で深めていきます。

以上の三つの視点から〝結び目〟にアプローチすることをとおして、「保育」と「発達」を少しだけ新しく、結びなおしてみたいと思います。

第4部

発達をみる目をひろげる

イヤイヤ期とブラブラ期

第8章　「年齢」と発達

「二歳四ヵ月の女の子が、父親にオトーチャンと呼びかけると父親がハイと返事する、これをくり返して遊んでいた。そのとき父親が、たわむれにその子にオトーチャンと呼び返すと、子どもは、『このひと、おとうちゃんじゃないよ』と自分を指さして言った。父親がさらに、『このひと誰なの？』ときくと、子どもは『あかちゃん』と答えておかしそうにそばの母親に顔をつけた。

子どもは自他の関係を対象化して述べている。父親のこの珍問に対して自分の名前を言うのではなく、いわば自分の立場を述べていると言ってよいだろう。この子は、いつか皆で海にいった、わたしは四つになったら幼稚園にいく、と語っており、今していることを過去と未来にわたる見通しのなかで意味づけることができるようになっている。

二歳三ヵ月の男の子が、道路に車が通るとき『あぶないよ』と母親の手をとって道のはじへ導こうとした。この子の父親が寝る前に『足の裏を押して』と母親にたのんだ。母親はこの子を寝かしてからねとベッドに入ると、子どもはむっくり起き上って『うら…あしのうら…おとうさんのあしのうら…（と言葉を探して）トントンして』と言った。お父さん、お母さん、そして自分ということが言葉でもわかっているし、自分から他者への配慮からの行動ができている[1]」

1 問題の〈縮図〉としての2歳児

(1)「何歳児の話?」

前章の最後で、「保育」と「発達」を結びなおしていくために、まず年齢と発達との関係を再考すると述べました。その理由として、日本における発達概念の受容の歴史を背景に、年齢を指標とした到達性の基準が根強く残っていると見受けられることがあります。日本社会の「発達」観には、ヨーロッパ語の〝development〟がふくんでいた、内発性や自生性の意味あいがとても弱いと考えられます。その結果、「□歳らしさ」や「△歳になったら~できる」という、いわゆる〝年齢規範〟と発達が混同されやすい環境にあります。

保育記録などを読んだときに、「何歳児か」「何月生まれか」「何組か」が分からないと、エピソードの意味を読みときにくいということはないでしょうか。しかし、この感覚は万国共通というわけではないかもしれません。

テ・ファーリキという就学前カリキュラムで知られるニュージーランドの保育記録(Learning Story 学びの物語)を読むと、そこには年齢にかんする記述があまり出てこないことに気づきます。たとえば、ゼブという子が魚類への興味を深めていく様子は、以下のようにつづられています(所々要約)。

「ゼブ、きみはほんとにたくさんの種類の魚や海の生き物に興味があるんだね。今日、きみはターリンのお父さんが園に持ってきてくれた大きなマカジキに近づいて、さわって、いろいろ調べていたね。マカジキの口を開けたり、シッポを持ち上げたり、目やエラやヒレをさわってみたりしてたね。この大きな魚の頭やシッポが、よっぽど魅力的だったんだね。みんなとの話しあいにも積極的に参加して、自分の思ったことを伝えていたし、図版のどれと同じ魚なのか、すぐに分かった。インターネットで調べてみたら、マカジキは110キロで泳ぐことができるって。それがどんなに速いのか話しあって、高速道路の車よりも速いってことに気づいた。カーソンと、マカジキはパトカーよりも速いのかどうかについても論争してたね」[2]

このゼブ君について、記録にも解説にも、年齢はいっさい書かれていません。ゼブ君が何歳なのか、ニュージーランドの保育者にとっては、それほど重要な情報ではないのでしょうか。あるいは、あえて書かないようにしているのでしょうか。

テ・ファーリキには、「乳児」「トドラー」「幼児」という年齢を基準にした発達区分も記されており、それぞれの特徴が整理されていますから、保育者が年齢・発達に配慮していないわけではないのです[3]。ただ、大宮勇雄さんが指摘するように[4]、子どもをより上位の学校や社会のための〝準備期〟と見なす考え方に対して、テ・ファーリキのように子どもはすでに〝一市民〟であり、身のまわりの活動に参加していくりっぱな〝学び手〟であるという認識から出発する場合、「何歳なのか」は一番重要な問題ではないのでしょう。年齢は、子ども理解の有用な情報であると同時に、それにとらわれると、子どもがしていることの意味や価値をおおい隠してしまうワナにもなりえます。

（2）なぜ「2歳児」か

本章では、2歳児を取り上げることにより、「年齢―発達」関係の再考に切りこみたいと思います。というのも、現代日本社会において、2歳ごろにあらわれる課題が「子どもの生きづらさ」と「子育てのしんどさ」と「保育のジレンマ」の縮図になっていると考えるからです。

「2歳児」というと、どんな姿が思い浮かぶでしょうか。保育の関係者ですと、それが生活年齢の2歳児なのか、学年としての2歳児なのかによって、イメージすることがだいぶちがってくるのでしょう。ここでは少しひろくとって、生活年齢でいうところの1歳半ごろから3歳ごろまでの幅で、「2歳児」をおさえておきたいと思います。

2歳児は、私たちの社会ではさまざまな面で制度的な〝境界〟にあります。子育てでは、1歳半健診と3歳児健診のあいだにあります。乳児から幼児への子育ての過渡期で、経験の浅い養育者はその切り替えにとても悩む時期ですが、積極的に相談などに出かけていかない限り、親子だけでしんどさをかかえがちです。地域子育て支援拠点事業は、親子を受けいれる場として貴重ですが、そうした場に出てこられない親子の支えをどうするかも課題になっています。

幼稚園は、現行の学校教育法では、満3歳から入園できることになっています。二〇〇二年から5年間、当時の構造改革特別区域法の下で、幼稚園における2歳児の受けいれが試みられたことがあります。結果として、文部科学省は二〇〇七年に通知を出して、「幼稚園児として受け入れ集団的な教育を行うことではなく、幼稚園の人的・物的環境を適切に活用し、個別のかかわりに重点を置いた子育て支援としての受入れという形態に変更する」[5]としました。それ以外にも、自主事業として3歳未満の幼児を受けいれるなどの試みも各園で行われてきましたが、正規の〝幼稚園教育〟としては2歳児の入園は認められていません。[6]

幼稚園における2歳児保育というテーマは、女性の社会進出と出生児数の減少という問題を背景に、一九八〇年代のフランスでも盛んに議論されたことがあります。[7] フランスでは、調査研究をふまえて、2歳なりたてでは不適当であるが、2歳半以降は幼稚園（フランスでは「保育学校」）での経験が子どもの育ちに資するとの結論を得て、以後受けいれをすすめてきた経緯があります。[8] 2歳児を幼稚園環境に受けいれるというのは、短期的な待機児童対策としてではなく、その主体性形成にふさわしい環境と方法が吟味されたうえですすめられるべきでしょう。日本の保育哲学、教育哲学、そして政策哲学がするどく問われていると思います。

保育所は、2歳児の集団保育を積みかさねてきた歴史があります。学年としての2歳児で考えますと、子どもたちの集団性が育ち、幼児クラスにつないでいく過渡期にあたります。身体運動機能、言語、認知、感情表現や芸術表現などがめざましく育ってきて、いろんなことをいっしょにたのしめるころでもあります。しかし、後述のように、二〇〇〇年前後から急増してきた1歳児クラスと2歳児クラスの保育ニーズや、規制緩和などによる保育環境や労働条件の悪化などにより、「かみつき」や「ひっかき」に悩まされている保育者も多いことと思います。

このように、2歳児というのは、年齢を基準につくられている制度面での境界に位置し、同時に、子どもたちとかかわるおとなにとっては、乳児期とは異なる新たなむずかしさやおもしろさが噴出してくる時期です。そのために、歯車がかみあわなくなると、2歳児との暮らしはなかなかキツいものになってしまうのです。それはまた、子どもたちにとっても同様です。私たちは、2歳児をどうとらえ、保育と社会環境を見なおしていったらよいのでしょうか。

2 ある子どもの見方が求められるということ

(1) イヤイヤ期と闇の年齢

二〇〇〇年代に入ってからでしょうか、育児雑誌などで2歳児を〝イヤイヤ期〟と呼ぶ言説が目立つようになりました。これは、2歳前後の子どもが、おとなのうながしや指示に対して「イヤ」「ヤダ」「ダメ」といった否定表現を用いて自己主張する姿をとらえたネーミングだと思います。〝反抗期〟というおとな目線の言い方よりも、子ども自身の表出に着目しているように思われ、その点で子どもの側に立った表現ともとれます。ただ、現在はこのイヤイヤ期をおそれている保護者がいたり、おもわず手を挙げてしまう引き金となるなど、孤立した子育て環境ではイヤイヤを受けとめきれない現実もあります。そして、そもそも、そうした2歳児の姿は、発達的に普遍的なものなのでしょうか。

一方、発達研究の世界では、2歳児は「闇の年齢」(dark age) とも呼ばれてきました。[9] ダースベーダーでも出てきそうですが、つまりは「データが少なくて、よく分かっていない」ということです。2歳児は、乳児のように受け身的に実験に乗せることもむずかしく、かといって言語で答えてもらうこともむずかしい。そのため、2歳児を理解するための情報が絶対的に不足していることから、闇の年齢と呼ばれるのです。

イヤイヤ期と闇の年齢。これでは2歳児がかわいそうな気がします。もっと2歳児を積極的・多面的にみることはできないものでしょうか。子育てや保育の状況改善に結びつくような「2歳児に必要なこと」のとらえなおしはできないものでしょうか。

(2) 〝反抗期〟のある社会・ない社会

アメリカの発達心理学者バーバラ・ロゴフは、『文化的営みとしての発達』という本のなかで、次のように述べています。

「中産階級ヨーロッパ系アメリカ人のコミュニティでは、乳児期の終わりは『手に負えない2歳児』と表現され、反抗的な行動が急に現れると考えられています。(中略) これとは対照的に、多くのコミュニティでは、2歳頃そんなふうにいこじで拒絶的になるということは、観察されてもいなければ予測されてもいません[10]」

「手に負えない2歳児」の原語は、〝terrible two〟です。日本の育児雑誌で「魔の2歳児」と呼ばれてきたのはこれに由来するものでしょう。このような2歳児の姿は、標準的な発達であるかのように思われがちですが、そうした言説にロゴフは疑問を投げかけています。

いまも使われる〝反抗期〟という表現も、欧米由来のものです。日本の保育(幼稚園)において、心理学的な子ども理解がひろがりはじめたのは明治三〇年代後半になってからといわれています[11]。小山みずえさんによると、松本幼稚園(明治二〇年開設)では、「小学校関係者から幼稚園出身者の授業態度や成績が悪いといった批判を浴びせられ、幼稚園教育の効果を客観的に示す必要に迫られ[12]」たことから、当時注目されるようになっていた児童心理学を学び、幼児の個性や、年齢・発達に適した標準的な玩具にかんする研究などに取りくんだそうです。同じく、神戸幼稚園（明治二〇年開設）でも、保育方法の改善のために心理学的視点を導入し、発達に応じた個別指導も行われました。[13]

このように普及しはじめた心理学的知識のうち、〝反抗期〟に関連する記述は、児童心理学の本にどのようにあらわれてきたのでしょうか。大泉溥さんが編纂された『日本の子ども研究』[14]に所収されている文献を検討したところ、おおむね次のような見通しが得られました。

日本で最初の子ども研究専門誌となった『児童研究』が創刊された明治三一年前後から、欧米の児童心理学テキストの翻訳がはじまります。大正に入ると、単なる翻訳の水準をこえ、著者の視点で体系的に編まれた児童心理学書があらわれてきます。上野陽一[15]による『児童心理学精義』[16]（大正一〇年／一九二一年）には、発達段階的な記述があり、「子供はよく『私のだ』といって喧嘩する」「普通五歳以下の子供に於いては、自分のものにしたいという欲望が極めて盛[17]」んとし、また、「強情と不従順」という項を設けて、[18]年齢にかんする記述はないものの、子ども〝反抗的〟な姿について一定の考察があります。

昭和に入ると、〝強情期〟とか〝反抗期〟といったように、〝～期〟と年齢範囲を特定させる記述が増えてきます。戦後、日本保育学会の会長もつとめた山下俊郎[19]の『幼児心理学』（昭和一二年／一九三七年）には、いよいよ「反抗期」という項が立てられ、次のように記されています。

「（乳児期は――引用者）子供のお相手として、慈愛深き親としての穏やかな日がここに続いていくわけである。ところが、満二歳を過ぎるとこれと全く様子の違った事柄が現れて来る。（中略）／ビューラー夫人たちの調べによると満二歳ないし四歳迄の時期は、子供と周囲の大人との関係に於ける第一の危機である。それはこの年頃になると子供が反抗的になって来るのである。ビューラー夫人やその他の多くの人によってこの時期は反抗期と呼ばれている位である。／この反抗の第一の現れは何かいわれたことを一度は『イヤ』と言う事である。『イヤ』と言わないまでも実際の行動でもって反抗する。一口に言えば一すじ縄では聞かなくなるのである。私の長男は今二歳三ヶ月であるが、丁度反抗期に入っているので、何かと言うと実にはっきりと『イヤ』と言ってのけてしまう。そしてその半面に自分でやりたいと思った事は実に執拗に頑張るのである」[20]

山下の記述内容は、もはや今日の親たちの実感とかなり近くなっているでしょう。2歳ごろを〝反抗期〟とみる心理学的な理解は、おおむね大正から昭和戦前期までには一定の市民権を得ていたと考えられます。

(3) 社会状況が年齢ごとの特徴を求める

当時の状況を考えますと、都市部に新中間層と呼ばれる核家族が形成されていった時代です。「家庭教育」という概念が打ちだされ、「主婦」と呼ばれた母親たちが、子どもの育児法について、ことこまかな社会的期待を受け、「教育する家族」となっていきました。[21] 現代ほどではないにせよ、わが子の立身出世に期待がかかる育児環境下で、母親たちは児童心理学の知識を求めただろうと想像されます。都市型の、おとなのペースですすむ生活のなかで、2歳児の「イヤ」がおとなを困らせる現象として目につくようになったとしても、不思議ではありません。そうした、都市部の核家族が形成されていく過程と歩調を同じくするように、発達段階の記述がくわしくなり、そのなかに、〝反抗期〟もあらわれたものと思います。このあたりに、児童心理学（発達心理学）の、学問としての特殊性があらわれているともいえます。

「生命科学は概して自己充足的であり、その成長過程は自己刺激的である。生命科学はそれぞれの体系内部で発展し、獲得した知識を秩序正しく整理することによって進歩してきた。生物学や心理学や生物化学、あるいは人類学の歴史は、概してそのような過程を経ている。これに対して発達心理学は、この種のアカデミズムとは対照的に、子どもの健康と育児と教育、さらには法律的および職業的な面での子どもの処遇の改善といった広い目的をもつ、外部からの圧力によって形成されたものである」[22]

西洋発達心理学の歴史を概観した村田孝次さんは、他の科学と比較したときの発達心理学の特徴について、このように述べています。つまり、発達研究というのは、科学的な好奇心にしたがって発展してきたというよりも、社会が知りたいことに答えようとするエネルギーにつき動かされてきた面が大きいというわけです。社会構造が変化し、新しい家族や保育にとっての必要が生まれ、それに応じようとしてさまざまな研究やことばを編みだしてきたのが発達心理学です。そこには功罪両方ともあるのでしょうが、発達を試験管のなかの実験状況として考えることはできない以上、子どもや家族がおかれた状況をみながら、考え方やことばをリフォームしていくというのはある種の必然性をともなっているように思います。

本章の冒頭に引用したのは、久保田正人さんの『二歳半という年齢』からの一コマです。反抗期と呼ぶだけでは見えなくなってしまう、2歳児のべつの姿が描かれていると思います。発達心理学は、社会の要請にこたえるかたちで新しい子ども理解をつくりだしもしますが、私たちの子どもの見方をしばり、不自由にする面があることも事実でしょう。

第9章　「参加」の視点からみる発達観

1　発達の多様性と文化性

発達の年齢的な区分にこだわりすぎないことについては、現在の保育所保育指針や幼稚園教育要領においても重視されています。発達の順序性や段階性がある程度認められるとしても、それぞれの発達過程は個性的なものであり、一人ひとりの多様性をみていくというのは、今日の共通認識になりつつあると思います。その背景には、発達研究や行動遺伝学などの進展もあり、発達段階はあらかじめ決まった固定的なものではなく、環境との相互作用によってより柔軟で多様な発達プロセスが認められることが科学的にも分かってきたことがあります。専門的にいうと、発達のエピジェネティクスと呼ばれる理論です。

一方で、発達という現象を、個人の資質や能力の問題だけで考えることにも、疑問がもたれるようになってきました。何をどのようにふるまうのか、どのような能力を現実に発揮するのかは、その人がおかれた社会文化的な状況と不可分なのだという考えです。これは、発達の社会文化的アプローチと呼ばれる理論です。

いずれも、ひろくみると、発達は考えられている以上に多様なものだという主張です。発達現象を、年齢標準的にみる考え方や、個人能力の問題としてみる考え方は、まさに科学的研究としても乗りこえられようとしているのです。本書の「保育的発達論」の中核にある〝関係（つながり）を育む〟という視点も、こうした発達研究の動向を取りこんだものなのです。

●「参加」とは

本章では、とくに社会文化的アプローチが重視する「参加」という概念から、子どもの発達をとらえる新たな視点を得たいと思います。ここで「参加」というのは、意図的・選択的に何かの活動に参加したり抜けたりという意味よりも、むしろ自分がどこかのコミュニティに属している限り、いやおうなく何らかの役割をになっているものだということ、また、その役割というのは、コミュニティに属している人びとがおたがいに構造化しあっているものという意味をもっています。

たとえば、私が大学院を出て、はじめて出身地とは異なる文化圏の大学に就職し、校長先生や園長先生たちの会合に出たときのことです。食事をいただいたので、食器を持って片づけようとしますと、「先生が立っちゃだめです」と女性の園長先生にたしなめられました。自分の生家ではふつうにしていたことだったので、違和感を覚えたわけですが、そのコミュニティでは私のような「男性」で「大学教員」の「客人」が食器の片づけなどをしたら、他の人たちの動きに大きな影響を与えてしまうわけです。つまり、そのコミュニティには、そのコミュニティにおけるそれぞれの人の役割があり、参加の仕方（ふるまい方）がたがいに規定されていることになります。

ここで「良い悪い」の価値判断はひとまずおいて、コミュニティというのは、人の役割というものを意味づけるものだということ、そして、そこでの参加のパターン（やり方）をいろいろと秘めているのだということを確認し、先にすすみたいと思います。

2　社会的役割の移行としての発達

（1）行事と保育

以前、ある幼稚園の園長とお酒を飲んでいたときのことです。「今度、行事がないふつうの日に幼稚園におじゃましてもいいですか？」ときくと、園長は少し間をあけて、「幼稚園は、行事で子どもが育つところです」と返答しました。私は行事について否定的に言ったつもりはなかったのですが、園長は行事というものが幼児教育にとって非日常的なものではないのだということを、若い研究者に教えてくれようとしたのだと思います。

それ以来、私にとって日本の保育を考えるとき、「行事」は抜くことのできないキーワードになっています。世界を見渡せば、幼稚園や保育園に入園式も卒園式もないコミュニティはたくさんあります。そちらのほうが多数派かもしれないほどです。日本では一般的に毎月のようにある年中行事、一大イベントである運動会や生活発表会のようなものは、外国人からみるとてもめずらしい光景のようです。一方で、日本の多くの園にとって、そうした行事をすべて抜き取られてしまったら、どうカリキュラムや年間計画を立てればよいのか分からなくなるのではないでしょうか。そのくらい、日本の保育にとって、行事は本質的な役割をになっているものと思います。

しかし、そもそも「行事で育つ」とはどういうことなのでしょうか。行事での経験をとおして、個々に何かのスキルや知識が身につくということなのでしょうか。それとも、もっと集団的な側面を意味するのでしょうか。日本の保育にとって行事がもつ意味について、とくに子どもの発達の観点から、これまで正面きって取り上げられてこなかったのではないかと思います。以下では、日本の保育における行事と子どもの発達との関係を考えるために、社会文化的アプローチの旗手のひとりであるバーバラ・ロゴフの「導かれた参加」という概念をひもといていきたいと思います。

(2) 導かれた参加

心理学には、ヴィゴツキーの「最近接発達領域」という有名な概念があります。最近接発達領域とは、子どもがある課題を独力で解決可能な「現在の発達」水準と、おとななど能力の高い他者との協同によって解決できる「明日の発達」水準との〝差〟を意味します。この概念は、教育の役割を端的に教えてくれます。独力でできることは、もう〝発達しおわった〟過去のことであり、教育の対象ではない。かといって、協力したり、ヒントをもらっても分からないことも、まだ教育の対象ではない。教育とは、子どもの〝いままさに発達しつつある〟最先端の部分にはたらきかけなければならない。それが「現在の発達」と「明日の発達」の差である最近接発達領域なのです。ただ、この概念は、学校教育場面での教育評価や教育方法について述べられたもので、科学的知性の獲得という比較的せまい発達の側面が想定されていました。

ロゴフは、これに対し、人間の発達と教育作用との関係は、社会のなかにあまねくみられるものであり、そのやり方（パターン）も一つではないとして、人びとが生活のなかであまり意識しないでやっているコミュニケーションに注目しました。とくに、日常的な活動において、人びとがおたがいの参加を方向づけ、参加者である子どもの役割を変化させていく独特なやり方を、「導かれた参加」と呼びました。導かれた参加は、最近接発達領域の概念をより一般化したものだとロゴフは述べています。しかも、この過程は、〈おとなから子どもへ〉という一方向的なものではなく、〈おとなも子どもも〉いっしょになって導かれている共同構成的なものだというのです。

●コミュニティにおいてどんな意味をもつ存在か

導かれた参加論では、発達とはコミュニティにおける「役割」の変化のことです。役割というのは、「○○係」というような仕事の分担としてあらわれる部分もありますが、その前に、そのコミュニティにとって赤ちゃんとは、2歳くらいの子とは、年長さんとは、どんな意味をもつ存在であるのかということです。年長さんを、「小学校にあがる前の準備をする存在」とみるか、「園のいろいろな物事を助けてくれる存在」とみるか。もちろん、この両側面は実際にはかさなってくるでしょうが、どちらにウェイトをおくかによって、子どもとのかかわり方も、何を評価するかも変わってくるのではないでしょうか。前者を強調するなら、自分のことは自分でするとか、30分間座っていられるとか、ルールを守って遊ぶといった姿が評価されるかもしれません。

しかし、後者を重視するなら、まずは子どもと保育者との関係変容が課題になるかもしれません。たとえば、保育者から子どもたちに伝えられることばが、「指示」としてではなく、「一つの意見」として受けとめられているかといったことが、重要になってくると思います。保育者の側にあった責任や役割を、子どもたちのほうに移行させていかなければならないので、そのためには、保育者の意見を受けいれるか否かの判断も、子どもの側にある必要があるからです。

保育者も、保護者も、保育における役割を変えていきます。新人保育者を、「何も分かっていない人」あるいは「即戦力」という役割でみるか、「コミュニティに新しい風を吹かせてくれる人」とみるか。保護者を、「できるだけ園経営には口をださせない人」とみるか、「環境や保育内容を豊かにしてくれる可能性がある人」とみるか。人をどのような役割としてみるか、その役割がどのように変わっていくと考えるのか、そのちがいによって「導かれた参加」のあり方が変わっていきます。そして、もし役割が固定化してしまうなら、そのコミュニティは発達を停滞させていることになります。

「行事」はおとなにとっても必要

日本の保育では、行事は子どものためだけのものではなく、おとなにとっても必要なものです。保護者のためというだけでなく、保育者にとっても不可欠なものになっていると考えられます。行事は、カリキュラムや年間計画の立案を方向づけ、それをとおして人びとが経験することや学ぶことを構造化し、役割の移行・変化＝発達をうながしていく「導かれた参加」の過程そのものであるように思います。

じつは、行事というのは、保育だけでなく、学校でも会社でも地域でも共通する「導かれた参加」のやり方だと考えられます。地域の祭りや芸能では、まさにどの役回りをするかが人の成長のきっかけでもあり、証でもあります。会社でも、学校でも、行事ごとでになう役割の変化が、成長・発達の節目をきざんできました。また、日本では地域の行事が保育や学校、会社などと結びついて行われることが多いのも特徴でしょう。地域のさまざまな行事へのかかわりを求められて、「行事に追われる」保育になってしまうのは困りごとでもありますが、そのくらい日本では行事が重視されてきたということだと思います。

ロゴフは、他のコミュニティからみて、そのやり方やパターンを簡単に価値づけたりすることには慎重であるべき、と説きます。外国の方法が、自分たちにとってかならずしもよいとはいえないし、多数派が正しい保証もありません。ただ、歴史的にも文化的にも視野をひろくもつことで、自分たちの足元を見返す作業は必要でしょう。私たちは、行事の過程をとおして、コミュニティの何を維持し、何を子どもたちに学ばせようとしているのでしょうか。行事をやめるのも増やすのも簡単ですが（いや、やめるほうはけっこうむずかしいのですが）、コミュニティにおいてそれがもつ意味と果たす役割をふまえて考えたいものです。

3　導かれた参加の代表的なやり方

(1) 統合的なやり方

ロゴフによれば、多様に存在しうる「導かれた参加」のやり方のうち、おおむね二つが代表的なものです。第一は、子どもをコミュニティの活動に統合するやり方です。このやり方では、子どもは家族や集団の活動（生活）のなかで、それぞれ何らかの地位をもち、役割を遂行することをとおして、すでにつねに、コミュニティの一員として参加しています。たとえ、赤ちゃんであっても、コミュニティの活動にとって必要な役割を果たしていると認められます。そこでは、人びとがしていることを注意深く観察し、活動の一部を〝やってみる〟ことによる学習がうながされます。

(2) 分離するやり方

第二は、子どもの活動を大人の活動から分離するやり方です。このやり方は、学校教育的なシステムがひろく浸透したコミュニティにみられます。学校は、「大人になるための準備機関」と位置づけられ、学年を基準にした「年齢分離」によって、下の年齢から上の年齢へと階層化された時間・空間・活動内容をのぼって、〝ゴール〟であるおとなをめざしていくためのコミュニケーションが行われるのが特徴です。

そこでは、おとな「○○について分かる人？」→子ども「はい、△△です」→おとな「正解！」という、いわゆるクイズ形式のコミュニケーションが多用されるといいます。おとなは、何が正解かすでに知っていることを、あえて子どもに質問する形式で、子どものモチベーションを高め、知識を定着させようとします。と同時に、このやりとりは、おとなと子どもの関係性（つまり、「先生と生徒」）を確認する〝儀式〟にもなっています。ロゴフによれば、こうしたやりとりは第一のやり方をするコミュニティではほとんど観察されません。第二のやり方では、それは学校でも家庭でもひんぱんに用いられます。

(3)「平等」についての考え方のちがい

さらに、この二つの導かれた参加のやり方では、「平等」についての考え方が異なるといわれています。

写真1　グアテマラのマヤの子どもたち[1]

そこには、「年齢」についての考え方のちがいが反映されています。

●活動は一緒にするがルールはちがう
――平等の考え方（その一）

第一のやり方のコミュニティでは、小さい子どもと大きい子どもを比較して、どちらが優れているか、劣っているかは問題にしません。そこでは、大きい子と小さい子では、社会的役割が異なっており、適用されるルールもちがうと考えられています。生活・活動への参加は分離されていないのに、適用されるルールはちがうというのがミソです。たとえば、**写真1**は、ままごとでトルティーアづくりをするおねえちゃんたちを、2歳くらいの子たちが、じっと見ている場面です。もし、奥の男の子がおねえちゃんが使っているトルティーアの挽き石を断りなくもっていってしまったとしても、「それは仕方ないこと」とみなされるそうです。

「マヤ人の家庭では、3～5歳のきょうだいは、1歳児を通常の社会規則に従わなくてもいいような優遇されるべき立場にいる者として扱うのが普通でした。年上のきょうだいたちは、よちよち歩きの幼児が持っている物を取り上げることはほとんどなく、自分の持っているものを幼児が欲しがると、普通、自分からそれを手渡してあげていました。(中略)たいていの場合マヤ人の母親たちは、年上の子が幼児の思い通りにさせてあげるよう介入する必要はなく、交代するようにと言うようなこともありませんでした。(中略)マヤ人のアプローチでは、よちよち歩きの幼児が規則に従わないのを許容するということは、幼い子どもたちの意志は他の人の意志と同じように尊重されるべきだという考えに基づいています。2~3歳の間には、家族に新しいきょうだいが生まれることが多いのですが、(中略)そうなると、子どもたちは、欲しいものは何でも手にすることができた赤ちゃんから、協調することを理解し、駄々をこねて欲しがったりしない人々のひとりへと、その位置づけを変えることになります」[2]

だれにでも同じルールを適用する──平等の考え方(その二)

一方、第二のやり方のコミュニティでは、発達をレースになぞらえて、年齢標準よりも「早いか、遅いか」が重要な問題になります。IQ(知能指数)やDQ(発達指数)が代表的な発想です。これらは、生活年齢に対して精神年齢が高いか低いかによって算出されます。そして、高いほうが価値が高いとみなされます。

興味深いことに、第二のやり方では、大きい子も小さい子も、基本的に同じルールを適用するのが「平等」だと考えられる傾向があるといいます。[3] ロゴフは、その典型が中産階級ヨーロッパ系アメリカ人のコミュニティだと、自分自身がふくまれる文化の特徴を述べているのです。どんな人にも原則同じルールを適用するのが(自由で)平等な社会、という考えをきくと、**第7章**で引用した児美川孝一郎さんの次の指摘を思い出します（136頁）。

「新自由主義が想定する人間観やその社会的ルールが有する本源的な問題性は、（中略）『選択』と『自己責任』という新自由主義のルールを、誰に対しても例外なく適用しようとする点にこそある」

発達とは個人能力の増強のことで、それは「早い」に越したことはないという発達観は、私たちの社会にもひろがっています。この考え方は、幼いことや弱いことを否定しがちであり、同一ルールに従えない小さい子どもの姿を「能力的な不十分さ」という視点からみがちです。それは、年齢が下であることと、能力が劣っていることを等価とみなすことにつながります。

（4）「行事」の発達観

しかし、能力の軸だけを重視すると、スムーズで計画どおりに物事がすすむことに意識がうばわれないでしょうか。幼さや弱さは、目先のビジネス（効率性を重視する生産活動）にとっては〝お荷物〟のようにみえるかもしれませんが、コミュニティ全体にとっては価値があるということはないでしょうか。

ここで、ふたたび「行事」について考えてみたいと思います。よく考えてみると、行事というのは、ビジネスとは対極的にみえる活動です。ビジネスは、効率性や収益性を重視しますし、競争によって商売敵よりも優位に立つ目標を避けることができません。それは、サバイバルそのものです。しかし、行事は、一見やらなくてもよさそうですし、面倒な儀式的側面にあふれ、効率性や収益性とは関係なさそうです。にもかかわらず、なぜ行事をするのでしょう。

一つの考えは、ビジネスの〝潤滑油〟になるからというものです。この理論によると、ビジネス（生産活動）が社会の本体で、行事はおまけということになります。もう一つの考えは、行事はビジネスとは独立した社会の本体で、両者はおたがいに相手を必要とする活動であるとするものです。古くから人類が行事や儀式を重んじてきたこと、そして現代の日本でもじつに豊富な行事がいとなまれていることを考えますと、後者の理論がより説得的であるように思います。

行事では、たとえば祭りで子ども用の神輿や山車が用意されるように、参加者全員に何らかの役割が与えられます。たしかに〝主役〟のような役回りもありますが、どの役割も行事全体にとって不可欠の価値をもっているのです。このとき、子どもの幼さや危なっかしさは、ないほうがよいものではなく、むしろ、それこそがコミュニティに必要とされる姿なのです。現代の発達観は、ビジネス的な思想に偏りすぎており、行事にみるような「どの子」にも役割があり、その時その時の価値があるという発達観がかすんでいるように思われます。

日本の保育における「行事」は、特徴的な導かれた参加のやり方だと思います。ロゴフは、大きく統合的なやり方と分離的なやり方を区分していますが、日本の保育や教育は、その折衷的な道を歩んできたようにみえます。地域コミュニティにおいて子どもからおとなまでそれぞれに役割を分配する統合的なやり方と、学校教育的におとなと子どもの活動を区別する分離的なやり方、この二つの側面を結びつける役割を果たしてきたのが保育における「行事」（行事文化）なのではないか。かの園長の、「幼稚園は、行事で子どもが育つところ」というのは、日本の保育のこうした特徴をとらえたものだったのかもしれません。

第10章　つながりアウトカムとしての「ブラブラ」

1　「2歳児」の社会的役割

(1) チベット農耕牧畜地域の話

以前、私の研究室に中国青海省海南チベット自治州出身の留学生Sさんがいました。彼女の話はいつも私たちにたのしいショックを与えてくれました。世界はひろく、発達や教育のあり方も多様であることを教えてくれる話がたくさんありました。そのなかに、Sさんが久しぶりに帰省したときの次のようなエピソードがありました。

夏、修士論文のフィールドワークのために長い旅路をへて村に着き、実家までの道を歩いていると、2、3歳くらいの男の子が「おねえさん、ふいて」と葉っぱを手渡したそうです。彼女は久しぶりのことにとまどいながらも、男の子のお尻をふいてあげました。男の子は「ありがとう」と言って去っていったそうです。

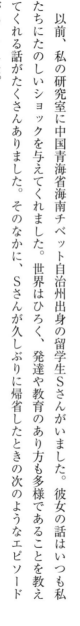

この子は一人で村はずれの道を歩いているときにもよおして、道端でウンチをしたのです。でも、うまくふけないで困っていたところ、おねえさんが通りかかったので、お願いしたという話です。Sさんによると、自分の村ではめずらしくないことだそうです。でも、私たちの社会では、ほとんど見ることのできない光景です。その村の幼児の生活は、だいたい次のような感じでした。

乳児………（母）親と畑に出たり、街の仕事場にいっしょに行っている。
4〜5歳…多少の労働力として、農耕や牧畜を手伝うことも多い。
遊ぶときは、山に行ってウサギなどをつかまえたりしている。

「ブラブラしてます」

私がSさんに「2、3歳は？」ときくと、彼女は一瞬ハテと考えて、それから少し笑いをふくんで「ブラブラしてます」と言いました。

川田　「でも、ブラブラしてるって言っても、排泄や食事はどうしてるの？」
Sさん　「おしっこ、ウンチは道端で……（クスッ）。食事は、お腹がすいたら適当に近くの家をコンコンして、『ごはんください』と言います」
川田　「へぇ、よその子が急に『ごはんください』ってきたら、あげるんだ」
Sさん　「はい。それがふつうです。ときどき、そのままその家で遊んで、夜になったら晩ごはんも食べます。また遊んで、夜遅くなってしまったら、そのまま泊まるということもあります」

こういう話のオンパレードなのです。研究者としては直接この目で確かめたいものですが、Sさんから村の子どもたちの様子を写真やビデオでも見せてもらいましたので、だいたいはSさんの話どおりなのだと思います。Sさんに、村には「イヤイヤ期」や「反抗期」のような言い方があるかたずねたところ、首をかしげて「そういうことばは、ありません」と答えました。そして、「あまりそういう姿も見たことがありません」、と。

(2) 自律性の尊重

マヤの村の2歳児も、チベットの村の2歳児も、日本の都市の2歳児も同じ人類の2歳児です。基盤となる能力の「獲得」はそうちがわないはずです。ちがうのは、その能力がどう「実現」しているか（社会のなかでいかされているか）なのです。能力の実現は、関係的な力学によって決まります。マヤの人びとの話で興味深いのは、小さい子には大きい子と同じルールを適用しない、つまりはそこに〝非連続性〟を認めるのに、場に参加して何かをやっていこうとする自律性については、小さい子にもすべて尊重する（連続性を認める）ということです。

「マヤ人の実践は、たとえコミュニティのやり方を理解できない乳児であっても、その自律性を（他の人たちの自律性と同じように）尊重するという点において連続性のあるものとなっています。このことは、このコミュニティや、乳児に特別な地位を与える他のコミュニティに浸透している個人の自律性への深い敬意と繋がっています。よちよち歩きの幼児たちは、他の人たちと同じようにはできなくても、自分の望みを尊重してもらうことによって、どうすれば協調できるかを学んでいるのだと考えられているのです。／このパターンは、日本人の子育てともかかわりがあるかもしれません。日本人の母親は、小さい子どもたちの子どもっぽい行動を許容し、自然に育つようにすることを大事にします」[1]

ロゴフは、日本人の子育て文化を肯定的にとらえてくれています。「自然に育つように」と表現していますが、これはまさに**第5章**でみたノビスク原理のことでしょう（96頁）。社会環境が変わり、子育てのしんどさがありますが、私にはいまもノビスク原理が日本の保護者や保育者には通底しているように感じられます。日本は高度かつ広範に学校的なしくみが浸透したコミュニティですが、おとなと子どもの活動を分離せず、観察（見て習う）したり、できなくてもやってみたりするという子どもの自律性を尊重した「導かれた参加」のパターンも多いように見受けられ、興味深いと思います。しかし、同時に空気を読みすぎてしまう、読ませすぎてしまうのも日本のパターンで、ゆえに社会的な場でのびのびさせられない苦しさが、おとなたちにはあるのではないでしょうか。それは仕方のないことではなく、変えていける、変わりうるもののはずです。

（3）「ブラブラ期」——小さなたのしみの連鎖

ところで、テ・ファーリキのところで述べたように、英語圏には2〜3歳ごろの子どもを“toddler”（トドラー）とも呼びます。「よちよち歩きの者」という意味です。2〜3歳といえば、もうよちよちを通りこしてスタスタかピョンピョンになっているともいえますが、いずれにしても“toddler”は子どもの歩き方に注目した語で、“terrible”（手を焼かされる）のようなおとな視点ではありません。チベット留学生のSさんが

「ブラブラしてます」と表現したのともかさなり、いずれも2〜3歳児の生活の仕方をよくあらわしているように思います。そこで、たとえば2歳ごろを「ブラブラ期」と呼んでみるのもわるくなさそうです。

「ブラブラ」とは何でしょうか。**第2部**でみたように、人間の赤ちゃんには発達のギャップがあります。身のまわりの世界を認識する〝知るチカラ〟と、世界に対して行動する〝はたらきかけるチカラ〟のギャップです。生後長い時間をかけて、このギャップをじょじょに縮めていきます。2歳ごろというのは、子どもたちがこのギャップから大きく解放されていく時期なのです。自分自身の手脚で環境内を動きまわり、ちょっと先を見通しながら、風景、モノ、コト、人との出会いをたのしみ、そのたのしみをつなぎあわせていく過程全体によろこびと満足を得ていきます。ゆえに、小さなたのしみをつないでいくうちに、迷子になってしまうのもこの時期の姿です。

●道草とブラブラ

似たことばに「道草」がありますが、道草というのは目的地に向かう途中で、目的外のことに時間を費やすという意味です。ブラブラには、その先にとくに目的はないのです。道草はより長いスパンで目的をもつことのできる、もう少し大きくなった子どもたちに可能なたのしみ方です。

また、「あそびを転々とする」という表現が使われることがあります。この「転々」は、「あそびがつづかない」「あそびこめない」という意味かと思いますが、おとなの世界の「職を転々とする」というイメージを、子どものあそびにもあてはめている感じがします。同じあそびを何分したかや、「集中している」という姿だけにひっぱられると、子どもが何をさがしているのか、何をおもしろがっているのかが見えなくなることがあるように思います。

遠いトイレ

ある保育所の話です。その保育所では、増改築をくり返した関係で、2歳児の保育室からかなり遠い所にトイレがありました。そのため、トイレから帰ってくるときに、子どもたちが廊下のあちこちにより道してしまい、なかなか保育室に帰ってこないということが保育上の課題としてあげられました。保育者としては、なるべくはやく保育室に帰ってきて、保育室でのあそびの時間を増やしたいと考えていたのです。

たしかに、2歳児ならば、通常トイレは保育室とつながっているか、すぐ近くにあるでしょう。その意味では、環境的には課題があったものと思います。しかし、見方をかえると、毎回のトイレでより道ができるような環境があったともいえます。子どもたちの視点に立てば、「ブラブラ」したくなる環境だったのかもしれません。保育者は、子どもたちに「お部屋にもどればこんなたのしいことがあるよ」と見通しをもたせることで、すみやかにトイレからもどってきてほしいと考えたようですが、多くの子にとってはそういう見通しの形成にはならず、「ブラブラ」の世界に誘われてしまったようです。

じつは、よく子どもたちを見てみると、「ブラブラ」も無秩序ではないことが多いものです。いつも決まった場所を通って、一つひとつ確認をしていたりします。カブトムシは起きているか、赤ちゃんは泣いていないか、水道は出っぱなしじゃないか、大きな鏡で笑顔の練習、たくさんかかったタオルをなぜて感触の確認、窓から見えるお天気はどんなか……。

だいたい同じ、でも少しちがう

気づきや発見は、与えられた活動や毎回新しいことをするのでは得られにくいものです。かといって、完全に同じパターンの反復（電子玩具など）では、パターンの学習はできても、世界の豊かさに出会うことはないでしょう。だいたい同じなんだけど、少しずつちがっている、という環境をくり返しブラブラすることによって、子どもたちはさまざまな規則性や世界の豊かさを学ぶのだろうと思います。

自然環境が子どもにとって有意味なのは、とくに2歳児にとってみると、自然のほうが変化をはこんできてくれるところにあるかもしれません。同じ公園や林に通うことによって、むしろ子どもは変化に気づきます。足元の小さな変化に敏感なのは、小さい子どもたちです。大きくなってくると、背が伸びて視野に入りにくいのか、動きが早くなって見逃すのか、環境の変化に少し鈍くなるのか分かりませんが、小さいからこそ見える、気づく、たのしめる世界があるのは確かだと思います。

●役割としての「ブラブラ」

ブラブラは、探索の黄金期である2歳児の発達にとって貴重なだけでなく、参加的な発達観に立つと、その姿こそがコミュニティにとって必要なものだと考えることができます。乳児は、〈してもらう〉主体性を発揮して、ゆったりとした癒しの雰囲気をつくります。大きな幼児は、さまざまな主体性のかたちを駆使して、コミュニティに活気を与えてくれます。その中間にある2歳児は、乳児とも大きな幼児ともちがう雰囲気をもたらします。彼らは、〈する〉主体性を発揮して意気揚々とブラブラし、発見したことを次つぎにまわりに教えてくれます。一つひとつは散発的ですが、いかにもいきいきとした身のこなしが、コミュニティにユーモアを与えてくれるのです。「ブラブラ」は、社会的な価値であり、役割なのです。

2　ブラブラ受難の時代

ところが、**第6章**で示した第三の状況以降、子どもの生活環境は激変しました（109頁～）。とくに、自宅のすぐ近くの行動範囲がとても危険になってしまいました。もっとも脅威となっているのが、自動車の交通量の増加でしょう。かつて、「道端」は子どもたちのあそび場であり、社交場でもありました。べつに、「いれて」と言わなくても、目に入る範囲に他の子たちがあそんでいる姿がありました。おとなたちが、立ち話をしたり、掃き掃除や打ち水などをしている光景を観察することも、子どもたちにとってはあそびの要素をふくんだ活動だったと考えられます。2、3歳ごろの子どもは、大きい子やおとなたちが活動しているかたわらで、チョロチョロ、ブラブラしながら一日をすごし、まわりをユーモラスにしたことでしょう。そうした2歳児の姿の「実現」がむずかしくなっていったのが、第三および第四の状況です。

（1）増える1・2歳児クラスのニーズ

保育の場でも、2歳児のブラブラを受けとめにくい環境になってきました。この20年ほど、1歳児クラスと2歳児クラスの保育所利用児数は顕著に増加しています。**図1**は、二〇〇六年から二〇一八年までの年齢ごとの保育所等利用児童数（その学年の何％が保育所などに通っているか）の推移を示したものです。全体に

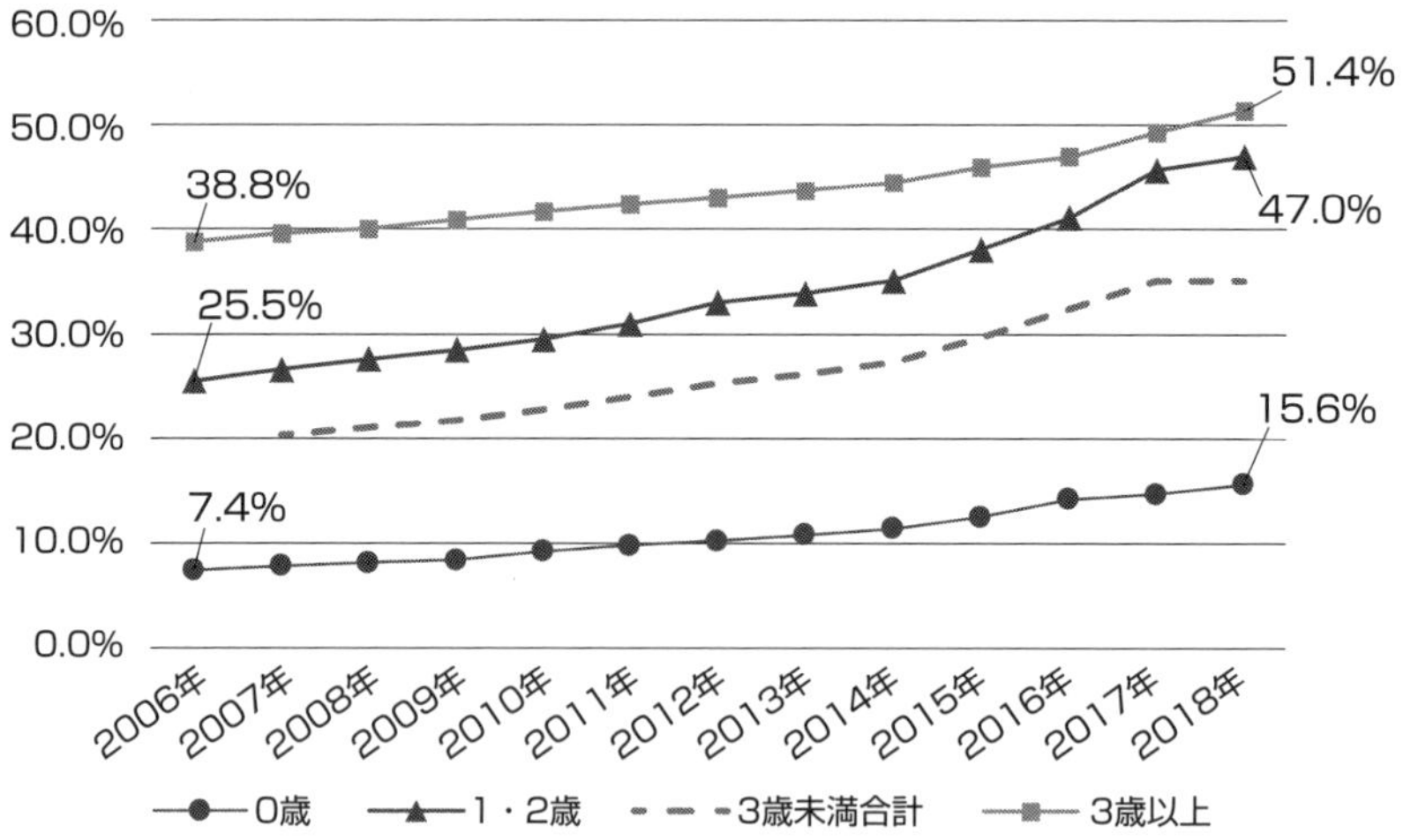

図1　年齢別の保育所等利用児童割合の推移[2]

増加傾向にありますが、「１・２歳児」のかたむきが大きくなっています。12年間で、25.5%から47.0%と、1.8倍に増加しています。いまや、同学年の２人に１人が１・２歳から保育所で生活する時代になったということです。

１・２歳児の急増には、育休制度の推進の影響や、小規模保育や家庭的保育などの新たな枠組みができたことも大きいでしょう。しかし、家庭の経済や労働状況の変化だけでなく、そこには孤立した子育てではしんどい、助けてほしいという親たちの声があると考えられます。

先述した札幌市での２歳児をもつ１千389世帯を対象とした調査（二〇一六年）では、現在保育所などに子どもを預けていないが希望があると回答した保護者（140人）に、預けたい「理由」もたずねました（５件法）。その結果、「あてはまる」と「どちらかといえばあてはまる」と回答したのは、「就労のため」78.2%、「子どもと離れる時間がほしい」39.8%、「子どもの経験として重要」83.7%でした。つまり、１・２歳児をもつ保護者の保育ニーズは、就労と同じかそれ以上に子どもの経験の観点があるということです。

それは、第三および第四の状況で子育てをしている者の

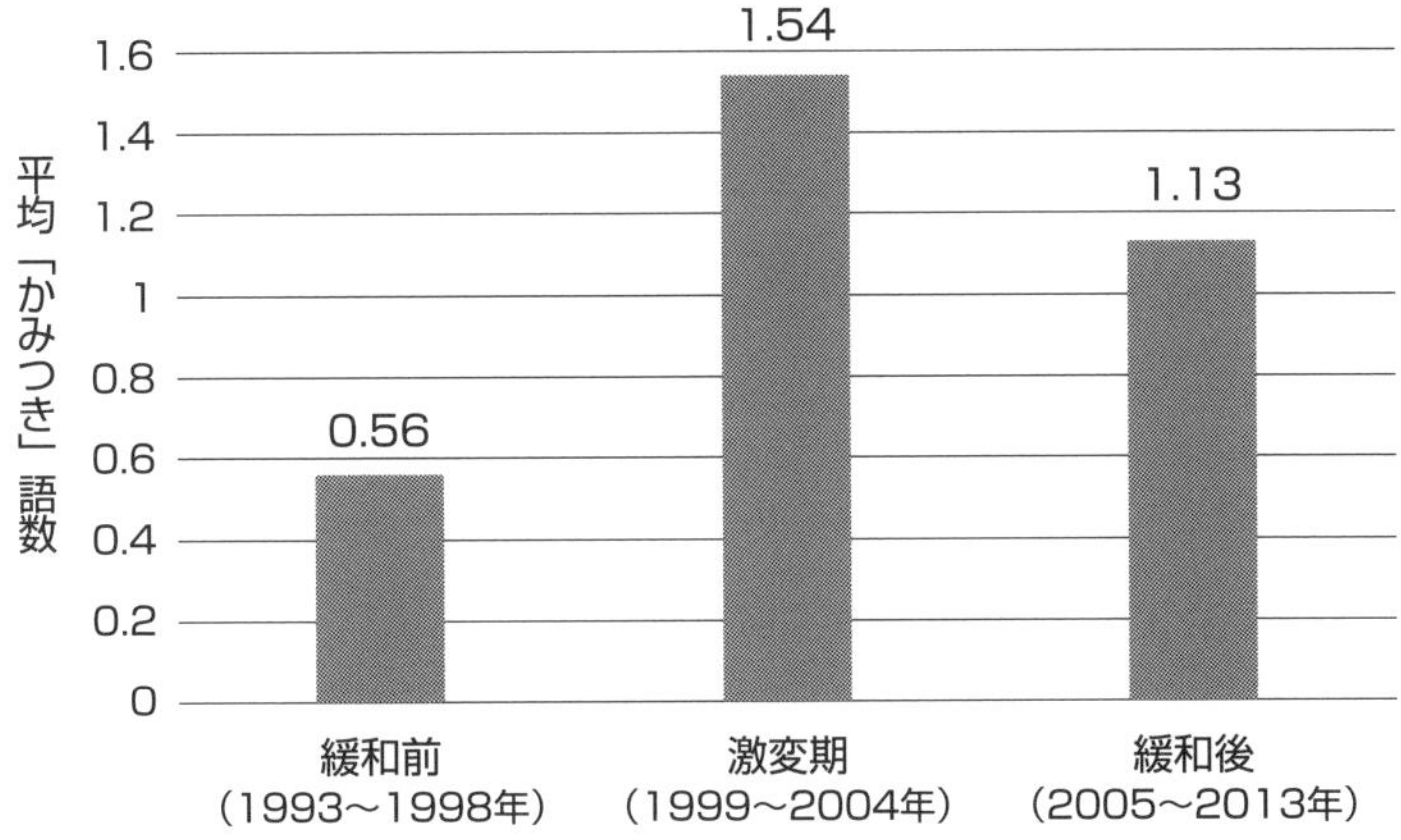

図2　保育所の規制緩和前後における平均「かみつき」語数の変化[4]

〝実感〟であり、〝切望〟だと考えられます。

（2）受けいれる保育所のしんどさ

では、子どもたちを受けいれる保育所のほうはどうでしょうか。西川由紀子さんは、一九九三年から二〇一三年までの21年間を対象に、全国規模の保育研究集会で発表された保育実践記録を分析し、規制緩和による保育条件の変容と保育中の〝ひっかき・かみつき〟に関する報告数との関連を示唆するデータを提示しました。[3] 具体的には、『全国保育団体合同研究集会要綱』『季刊保育問題研究』『全国保育士会研究紀要』に掲載された3歳未満児を対象とした実践報告における〝ひっかき〟や〝かみつき〟の報告語数（「かみつき」語として統一）を分析対象として、三つの時期区分（一九九三～一九九八年を「緩和前」、一九九九～二〇〇四年を「激変期」、二〇〇五～二〇一三年を「緩和後」）で比較しました。その結果、「緩和前」から「激変期」にかけて統計的に有意に「かみつき」語が増加したことが明らかになったのです（**図2**）。

ブラブラの危機は、社会の危機

このデータは、〝かみつき〟や〝ひっかき〟の行動そのものをカウントしたものではありませんが、子どもの身近にいる全国各地の保育者が、現場で日々感じているできごとを報告したものですから、実態を示す情報として信ぴょう性が高いと考えられます。もちろん、保育者がこうした行動を気にし、「かみつき」語を用いる理由には、さまざまな背景があるでしょう。保護者や社会の保育に対する視線が厳しくなってきたこともあるかもしれませんし、単純に3歳未満児の受入数が増えたことによる純増かもしれません。

しかし、西川さんが指摘するように、この20年あまりの保育条件の変化と規制緩和を考えれば、定員超過で保育所内が慢性的に人口過密であること、また非正規雇用者の増加をふくめ職員数が増えたり、入れかわりがはげしくなったりすることで、保育者同士がていねいに子どもや家庭について情報交換や連携をすることがむずかしくなってきたのは事実です。そして、そもそも1・2歳児の子ども6人に保育士1人という設置基準では、2歳前後の子どもたちの活動要求にしっかり応えていくことは至難のわざなのです。

発達には光と影があり、どの面が優位になるのかは、その子どもが生きる社会的状況と関係しています。日本の2歳児が、「イヤイヤ期」や「魔の2歳児」と形容され、実際にそういう姿が顕著に見られるのだとすれば、それは2歳児の発達の動かざる本質というのではなく、私たちの社会が2歳児の、どちらかという と影の側面を呼びこんでいるのだと考えられます。それは子ども観や子ども理解という心理的側面だけでなく、制度的な側面とも深くかかわっていることを忘れてはならないと思います。コミュニティへの参加者である2歳児のブラブラの姿は、子どものみならず社会にとって必要なユーモア的役割です。それは、社会を寛容で明るいものにする〝つながりアウトカム〟だといえます。ブラブラの危機は、まさに社会の危機なのです。

第5部

「保育」と「発達」を結びなおす

園庭に設置したドラム缶風呂でさっぱり。
大地震の直後から「あたりまえの日常」としての保育をつづけた保育者たち
（熊本・やまなみこども園、2016年4月）1

第11章　つながりを育むいとなみ

1　発達の節《ふし》とできごとの節《ふし》

（1）子どもと「できごと」

ときどき、こんなエピソードをききます。

生後7か月になっても、寝返りをする気配がないAちゃん。親は「うちの子、発達が遅いのかしら」と悩みます。当のAちゃんは、首もすわり、体重もしっかり増えていて、離乳食もよく食べ、血色も表情もいい。でも、寝返りしない。春になってあたたかくなったある日、お母さんが思いきって近所の子育てひろばにわが子を連れていきました。Aちゃんはだっこされながら、まわりの赤ちゃんをジーッと眺めていました。とくに赤ちゃん同士のかかわりはなく、見ていただけでした。その日の夜、お風呂上がりにバスタオルの上にAちゃんを寝かせて、お母さんがベビークリームを取りにいく数秒のあいだに、Aちゃんがうつ伏せになっていました。お母さんは驚いて、おもわず仰向けにもどしました。すると、今度はお母さんの目の前で、Aちゃんが身をよじって寝返りをしようとするのです。その日を境に、Aちゃんは寝返りをしはじめました……。

Aちゃんの変化は、「発達」というよりも、むしろ「できごと」だと考えたほうがよいと思っています。きっと、寝返りをするための神経系や筋肉などの準備はだいたいできていたのです。でも、それを実現するきっかけが、親子2人の生活にはなかったのかもしれません。同じくらいの子の姿をよく見たことがきっかけで、Aちゃんの寝返り実現スイッチがONになったのでしょう。この一連が、「できごと」として、親子の生活に節をきざんでいきます。

(2)〝きっかけ〟は、偶然とはちがう

おとながどんなに子どもの発達を期待したとしても、変わるのは子ども自身ということになります。植物をひっぱっても伸ばすことはできず、つぼみを無理やり開いても枯れてしまうように、子どもも自らタイミングをはかって変わっていくのです。それは単に生物学的な成熟というだけでなく、何かの〝きっかけ（できごと）〟がその子を変えていくということ、そしてそれがまた周囲を変えていく〝きっかけ〟になるということを、発達理解のなかにしっかり位置づけておきたいと思います。

人間が、長い年月をかけて種として共有・継承してきた遺伝情報（ゲノム）により、私たちには一定の時期に一定の順序性をもってある行動や心理特性を習得しうる「発達の節」が想定されます。これまでの科学的発達研究の成果にもとづき、発達の節にかんする仮説が立てられることによって、たとえば、4か月、10か月、1歳半というような乳幼児健診システムが整備されてきたのです。ただし、研究成果というものはす

べて「過去のもの」であり、それぞれの当事者にとっては「他者のもの」にすぎないという事実も、対人援助の仕事にたずさわるときは、忘れてはならないのだと思います。

それぞれの子どもは、一度きりの固有の人生を歩んでいるのであり、親は「この子」がいつ何をきっかけにどう変わっていくのか（育っていくのか）に関心があります。これは統計的標準から多数の子どもを評価する専門家とは異なる視点であり、リアリティだと思います。一般的な説明はピンときませんし、標準にもとづく理解は親子を追いつめさえします。月なみではありますが、やはりその子はどんな子で、何が好きで、どんな毎日を過ごしている生活者なのかを具体的に知り、共有することが大事だと思います。それによって、その子自身がかわっていく〝きっかけ〟を考えていくということが、もう一つの発達理解の側面だと思うのです。これを、「発達の節」と対比させて「できごとの節」と呼んでおきたいと思います。

（3）「三分の一」の確かさが生むできごと

できごとの節には、「こういうふうになるかな」「こんな出会いがあるといいな」という未来への期待がかかわっていますが、何ができごとの節になるかは、事後的にしか特定できないものです。でも、すべて単なる偶然というのではなくて、生活者としてのその子をある程度分かっている人だけが、できごとの節を想像できるのであり、後にその意味を考えることができるのです。ここで、『子どもたちの100の言葉』で知られるローリス・マラグッツィの名句を引用しておくべきでしょう。大宮勇雄さんの訳出です。[1]

「私たちが計画やカリキュラムを持っていないのは真実です。しかし、準備もなしの即興でやっているというのは真実ではありません。それができるならうらやましい才能ですがね。偶然に依存しているわけでもありません。なぜなら、まだ知らないというのは、ある程度予測できることを意味していると私たちは確信しているからです。子どもとともにあるということは、三分の一は確実なことであり、三分の二は不確実なことやはじめて出会うものであるという状態で働くことであると、私たちは理解しています。三分の一の確かなことがらは、私たちの（子どもに対する）理解を創り出し、さらに理解を深めたいという試みを促します」[2]

マラグッツィは、北イタリアの小都市レッジョ・エミリアの幼児教育実践の理論的支柱だった人物です。アートを中核において、アトリエリスタ（芸術専門家）とペダゴジスタ（教育専門家）という2職種が配置され、小グループによるプロジェクトとその記録（ドキュメンテーション）に活動の特色をもつ〝前衛的〟ともいえる実践です。記録映画や写真集を見るだけで圧倒される感じもありますが、その基本となる教育哲学や発達観は右のことばにあらわれており、まさにここでできごとの節と呼んだ観点ともつながるものだと思います。

子どもと暮らし、ともに生活をつくりだしているのなら、計画などしなくても三分の一は確実に分かることなのだと。しかし、その三分の一があるからこそ、三分の二への期待やチャレンジが生まれるのだということでしょう。「三分の一ずつ」ではなく、あえて「三分の一」と「三分の二」とするあたりが、プロジェクト活動と創造性を重視するレッジョの哲学を感じさせます。

実践の歴史的意味

子どもを一市民と認め、子どもの権利を確立していくために、主体性と創造性を育もうとするレッジョ・

エミリアの実践が、日本と同じように第二次世界大戦中にファシズムを生んだイタリアで生まれたということの意味も考えておきたいと思います。レッジョの実践は、単に個々の子どもの能力開発を目的としたものではなく、共同体そのものを生みだし、よりよい社会をきずいていく市民運動の一過程なのです。そこには、ファシズムを生みだした土壌に、独裁者への盲従があったことへの反省がふくまれています。舶来ものをかたちだけ取り入れがちな私たちですが、レッジョから学ぶもっとも重要なことは、自分たちの保育・教育実践のあり方が、歴史のどのような反省と教訓のうえに構想されているのかに自覚的であることだと思います。

できごとの節を重視する発達観は、日本ではどのような時代状況にどのような意味をこめて「発達」ということばが翻訳され、人びとに受容されていったのかを自覚したときにこそ必要とされるものだと考えています。できごとの節としての発達を考えるために、いくつかの事例に学んでみたいと思います。

2　子どもを、テーマをもった存在とみること

(1) チョッチョ論争

近藤幹生さんの『人がすき 村がすき 保育がすき』という本から、「自然が育てる子どもたち」と題された一コマを紹介します。信州の共同保育所での、7～8名の子どもたちと保育者2名の実践です。

「たっちゃんは一歳を過ぎて保育所にきた。夏のある日、たっちゃん（一歳四ヶ月）は、虫かごにいれてもらったモンシロチョウのとりこになった。食事のとき、虫かごを手放さないので、彼のいすにかけておいてあげる。おひるねのときは布団のなかにもちこむ。起きてからは、庭にでてヤギにみせる。ヤギが近づくと虫かごを遠ざけておこったりする。夕方、チョウは持ち帰られてしまった。家では、お風呂にまでもっていったそうだ。翌日から、保育所にくると網と虫かごを持ってチョウやトンボを追いかけるようになった。『つまいてよう』（つかまえてよう）というと、おばちゃんが相手をしてくれる。かごいっぱいにしては、大事そうにしてかかえている。こうして彼は、『チョッチョ、チョッチョ』といいはじめた。そして、部屋に入ると決まって一冊の絵本を取り出すようになった。『十四匹のピクニック』というネズミたちのお話だが、チョウ、トンボ、カエルなどが野の花とともに描かれている。読んでもらっていてチョウのところへくると立ち上がってはげしく突進してくる。ページを先へ進めようとすると、私の手を払いのけて、先へ進んじゃだめと意思表示するので、この本の読み聞かせは彼がいるかぎり中断するのであった。ある日、絵本のあるページをめぐって、たっちゃん（一歳四ヶ月）とけいすけ君（二歳二ヶ月）とで論争がおこった。小川にかかる橋の下でトンボやカエルがあそんでいる。たっちゃんがトンボを指差し『チョッチョ』という。けいすけ君は『オンボ』という。『チョッチョ』『オンボ』『チョッチョ』『オンボ』との論争は絵本の取り合いに発展し、一瞬にして破れてしまった。しかし、一歳数ヵ月にしてからだ中の神経を集中させ、チョウと出会い、ことばを身につけていく過程に私は心をうたれた[3]」

保護者に発達の話をするときに、うちの子どもが犬を見て「にゃんにゃん」と言ったりします、直したほうがいいんでしょうか、放っておくとこのままちがえて覚えてしまうんじゃないかと心配です、といった質問を受けることがあります。私の場合は、「ご心配、なるほど。でも大丈夫です。それよりも、にゃんにゃんと言ったら、にゃんにゃんだねって共感してやってください。さり気なく、でもわんわんかもしれないけどねぇとかつぶやいてみるのもいいでしょう。そのうち気づいて、自分で直しますよ」と答えます。まずは、子どものことばが正しいかどうかではなく、子どもが感動しているというところに応答してあげたいと思います。

チョッチョのエピソードで、近藤さんはことばそのものにひかれているというよりも、一人の子どもが生活経験のなかから確かなきっかけをへて、まさに「チョッチョ」という経験を丸ごと自分のものにしようと懸命に生きている姿にうたれたのではないかと想像します。この時期、たっちゃんの生活はチョッチョ一色だったかもしれません。文字どおり寝食を忘れるほどにチョッチョと一体化した生活があり、つまりにつまったその経験から発せられているのが「チョッチョ」なのです。

●正確性とテーマ性

1歳のたっちゃんにとって、「チョッチョ」は生活のテーマとしての意味をもっていたと考えられます。私たちは、子どもであれおとなであれ、相手（他者）のテーマが見えたときに、その人のことが少し分かってくるものではないでしょうか。そして、他者のテーマが見えたときに、では自分自身は何をテーマに生きているかという自問へといざなわれる。子どものことばの不正確さが気になってしまうときは、ことばの能力的な面に注意がうばわれているときだろうと思います。正しく覚えさせなきゃと考えてしまうと、欠陥や不足が前にでてしまい、ことばのもつテーマ性が後景にしりぞいてしまいます。もちろん、言語聴覚士であれば職業上ことばの正確さへの観点も必要ではありますが、保育では、その子は何を表現しようとしているのか、その子のテーマは何か、というところからことばを読みとっていけるとおもしろいのではないでしょうか。保育のなかでは、たっちゃんとチョッチョのように、子どもと何かとの関係（つながり）を育んでいく視点がたいせつなのだろうと思います。

ズレをたのしめる関係

ちなみに、乳幼児の親世代というのは、人生でもっとも精神的・身体的能力が充実する年齢です。仕事など社会生活に順応し、ことばも正確で、状況判断もスピーディです。そういう人からみると、2～3歳ごろのことばというのはいかにもあいまいで、頼りなげにきこえることがあるかもしれません。でも、高齢者とは絶妙なズレの世界をたのしめたりします。ある保育所の玄関先で、なんとなく気分が乗らないのか園舎に入りたがらない2歳児くらいの男の子がいました。そこに、近くの団地に住むおばあさんが通りかかり、声をかけたときのやりとりです。

おばあさん　「おや、かがいるよ」
2歳児　「かってねぇ、かってねぇ……」
おばあさん　「いやいや、かったらだめだよ」
2歳児　「かってねぇ、かってねぇ……」
おばあさん　「かったらだめさ」

これはいったいなんの会話をしているのでしょう。私はすぐ脇で笑いをこらえるのに必死でしたが、当人たちはけっきょく言語的に理解しあうことはなかったようです。それでも、おばあさんは、「ああ、かわいいねぇ、かわいいねぇ」と男の子の頬をなぜて、行ってしまいました。男の子はキョトン。間もなく、自分がしぶっていたのも忘れてしまったのか、ニコニコで園舎に入っていきました。

（2）帽子

たっちゃんとおなじような環境にいても、虫にほとんど関心をもたない子もいます。子どもが何に関心をもつようになるかは、単にまわりにどんな環境があるかだけでは分からないもので、何か意味のある出会い方が必要なのでしょう。

ある保育所に通うS君（1歳4か月）は、友だちがS君の帽子をロッカーから取って、ままごとのカバンとして使っているのが気になって仕方ありませんでした。でも、気のやさしいS君は、取りかえすこともできません。ことばも、まだ追いついていなかったのでしょう。様子に気づいた保育者は、相手の子に別のカバンを渡して、S君に帽子をもどしてくれました。S君は安心した顔をして、自分の帽子をロッカーにもどしました。[4]

この内容だけを読むと、いかにもありふれた光景のように思えます。自分のものという所有意識が芽生えてきたという、1歳児の発達の節として解釈することもできます。でも、S君が帽子のゆくえを気にするのは、自分のものという意識にはとどまらない経験がありました。彼は生まれつきおひさまアレルギーをもっていました。小さな赤ちゃんのころから、外出するときはつばのひろい帽子が欠かせない生活を送ってきたのです。帽子は、S君にとって「自分の身体の一部」ともいえる特別な対象です。

小さな体に大きな帽子をかぶる生活にはしんどさもあるでしょうが、帽子が自分を守ってくれているという感覚も、幼いながらに抱いてきたのかもしれません。S君は、帽子との関係をどう育んでいくのでしょうか。帽子との関係から生まれるS君のテーマとはどんなものなのでしょうか。

（3）写真と視覚的支援

もう一つ、津守真さんの『保育者の地平』から、「訓練」という一節を読んでみたいと思います。津守さんの実践は私立の愛育養護学校のもので、そこには幼児から小学生までが通っています。あるとき、卒業して中学校に上がったB子さんの担任が訪ねてきて、B子さんは写真を見て状況判断するのがじょうずだが、小学校ではどうやって訓練したのですかと質問したそうです。

「私ははじめその意図を理解しかねたのであるが、それは私共が順序段階を追って写真教材を提供する訓練を行ったのであろうという前提に立っての質問であった。私はそういうふうに考えたことがないことを述べ、写真とB子とのかかわりを話した。

私の机の引き出しには、いろいろな写真が入っている。B子は三、四年生の頃から、自分の知っている子どもの写真をとり出し、それをじっと眺め、何度もさわり、しまいにはなめたりしていた。そのうちに写真は破れてばらばらになるのだが、私は毎日引き出しに写真を入れておいた。何カ月もそれはつづいた。私だけでなく、他の職員たちも同じように自分の引き出しにわざわざ写真を入れているようだった。私共の学校では、通知表のかわりに毎学期子どもごとにアルバムを作り、それに担任のコメントをつけるようにしている。どの子もこのアルバムは好きだが、B子のアルバムは、夏休みや冬休みが明ける頃には原形をとどめないほどになるのが常であった。こういう生活の中でB子の写真による状況判断と認識は育っていった。それは私共とB子との関係のできごとであって、その結果を目標にした訓練とはちがう[5]」

B子さんにとって、写真はことばのかわりになるものであり、自分と他者・世界をつないでくれるたいせつな表現手段であり、認識を助けてくれる補助者です。それは、周囲の人があらかじめ「写真を使って状況判断をさせよう」とか「視覚的支援」という意味を与えて、B子さんに訓練をほどこしたものではなかったのです。

子どもとともに生活をつくりだすことで「三分の一」の確かさを得、残りの「三分の二」としてどのような「関係のできごと」が起こるのか、津守さんたちはいくつかの可能性を想像しながら、たとえば机の引き出しのなかに写真を入れておくということをしたのでしょう。B子さんが写真に関心を寄せ、眺めたり、さわったり、なめたりする姿を見て、B子さんが写真との関係を育んでいることに手ごたえを感じたのかもしれません。そうでなければ、そうした行為を見守ることは簡単ではありませんし、何度も新しい写真を引き出しに入れなおすというような保育者の行為となってあらわれないのではないかと思います。B子さんと写真の関係は、予定調和的に訓練されたものではなく、一つの創造的なできごとだと解釈できます。

第12章　保育の「あそび」とは何か

1　特別支援と保育

（1）関心のおきどころ

保育内容には、幼稚園にも保育所にも共通する考え方として、いわゆる五領域というものがあります。健康、人間関係、環境、言葉、表現です。これらの内容は、小学校の授業のようにそれぞれを独立させて指導するのではなく、保育者の援助も受けながら、あそびをとおして総合的に経験し、学んでいくものだとされています。そして、その保育の過程は、子ども自身がどんなふうに環境とかかわりをもっているのかということを保育者がつかみ、それを深めひろげていくことを支えるものだという、「環境を通した保育（教育）」だとされています。私は、この保育方法の原理はとてもシンプルで、要点をついたものだと思っています。

ただ、とくに子どもに障がいや「気になる」ところがある場合には、この方法を通すことがなかなかむずかしいようです。吉川和幸さんが、幼稚園で「特別な支援」が必要とされた子どもの「個別の指導計画」を分析したところ、そこにはある特徴がありました。[1] それは、領域別のねらいにかんする記述のうち、健康、人間関係、言葉の目標は多く記述されているのに対して、環境と表現についての記述は少ないということです。そこから、障がいをもつ子どもの場合には、計画を立てるうえでの「目標」が、何が好きかや何をたのしいと思っているかという観点よりも、身辺自立や集団適応の観点に偏っている可能性が示唆されたのです。

(2)「教材」から「遊材」へ

松井剛太さんも、「特別支援」の観点が、子ども自身のあそびのおもしろさから離れやすいことに注意をうながしています。松井さんは、特別支援学校の幼稚部(幼稚園に相当)での「あそびの指導」にかんする興味深い事例を紹介しています。[2] 3、4歳児の4名のグループで、「ぶどう狩りに行こう」という運動あそびをしました。これは平均台などの段差のあるサーキットをまわって、壁にかかった紙の〝ぶどう〟を取り、段ボールでつくられた動物の〝口〟に入れるという活動です。ひととおりやって、終わりのあいさつをしたところで、A君が「さあ、いまからあそぶぞ!」と言いました。そこにいた先生や訪問者も、おもわずニヤッというか、苦笑いというか。じつは、当時私もこの場に居あわせていて、このシーンはよく覚えています。このひとことがきっかけになって、その後子どもにとってあそびとは何なのだろうと議論されました。

●あそびの構え

松井さんによると、このときの話しあいをきっかけに、保育者の視点が「障害特性からPlaying

Disposition（遊びの構え）へ」[3]と移っていき、環境を〝教材〟から〝遊材〟へと見なおしたことが重要な変化となったそうです。この幼稚部では、教材というのは「それをとおして子どもに学ばせるもの」であり、遊材というのは「どう遊びに使われるか何を学ぶかはそれぞれの子どもにより違うもの」と意味づけられました。そうすることで、ルールどおり、予定どおりだった〝あそび〟に変化が生まれました。たとえば、以下のようなシーンがつづられています。

「いつものように段ボールの箱から新聞紙を取り出したB児。長くつながって出てきたので『あれっ』という表情。次々に新聞紙を引っ張ってみる。長いものや短いもの予測しなかった展開に夢中になって引っ張り出した。長い新聞紙をみつけたC児は、体に巻きつけて遊び始めた。それを見て近付いてきたD児は、長い新聞紙を床に置いて道に見立てて歩いた。そのうち、C児は、両端を教師に持ってもらい、ゴールテープに見立て、走ってきてはゴールする遊びを繰り返すなど、どの子も自分から新聞紙にかかわって遊び始めた[4]」

おとながあつらえた環境のなかであそんでいるのではなく、それぞれが遊材である新聞紙と個性的なかかわりをしています。大事なのは、こうした〝たのしさ〟あるいは〝ノリ〟があそびを動かしていく場合に、伝染作用が起こるということです。3人の子どもは、それぞれでありながらも、たがいのあそびの一部を受けとりあって、自分のたのしさに結びつけています。これは、いわゆる並行あそびでもないですし、連合・協同あそびでもありません。同じことを不干渉にやっているわけでもなく、意識的に役割分担しているわけでもありませんが、その場を共有して、たがいのあそびを認めあっているのです。

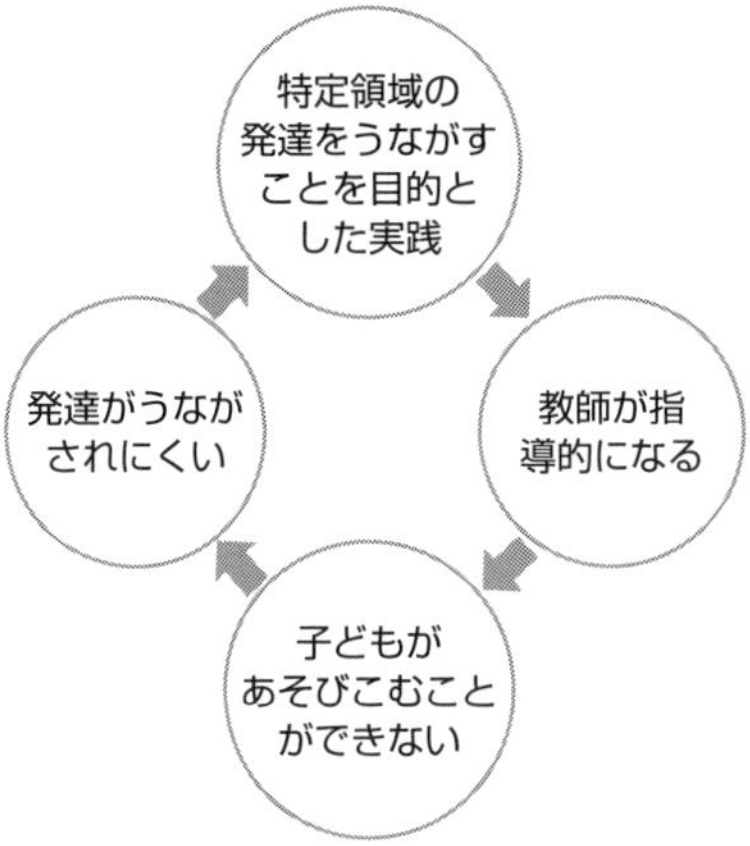

図1　障害特性論にもとづくあそび

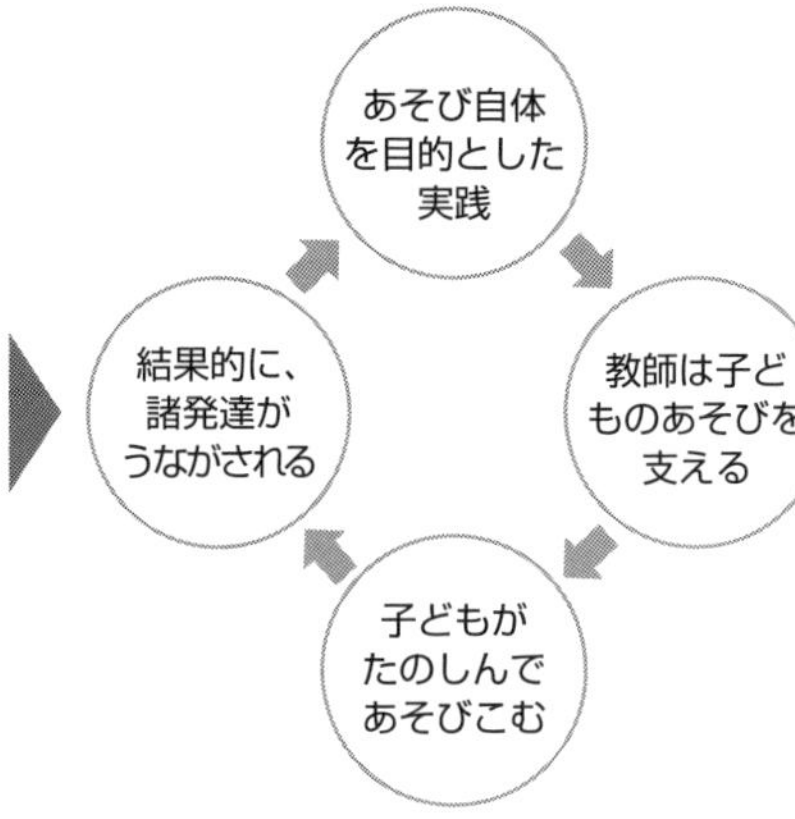

図2　保育本来のあそび5

●保育のあそびへ

このように、子どもと環境のかかわり方、子ども同士のつながり方についての根本的な視点転換ができると、五月雨式に変化が起こってきます。この幼稚部では、時間的環境の構造化のために活動の区切りにタイマーを用いていましたが、その必要が見なおされました。子どもたちが、タイマーなしでほんとうに切り上げることができるのか、保育者は最初心配もあったでしょう。でも、ふたをあけてみれば、自分であそびだし、満足したら、きちんと自分で切り上げて、片づけに入るようになったそうです。

松井さんは、この一連の事例をもとに、障害特性の観点に偏ってしまうあそびと、保育が本来重視してきたたのしさを追求するあそびとのちがいを、**図1と図2**のように整理しています。

保育は、子どもの環境とのかかわりをとおした、〝総合的な〟過程であるところに特長があります。それは障害特性に重点をおいた〝機能訓練〟とはちがう役割なのです。子どもの〝弱い〟〝できない〟ところにはたらきかけるのではなく、〝何が好きか〟〝何がしたいか〟をあそびをとおして実現して、時間をかけて少しずつ発達の諸側面のバランスが整っていくことを期待するアプローチだといえます。

2　「共通基盤」を見なおしていく

(1)　一人の必要を、みんなのたのしみへ

園の集団生活にあまりなじまない子どもがいます。日々気ままにすごしていて、あつまりのときもふらふら〜っと出ていってしまったりします。給食も食べません。お昼寝もしません。でも、それだと午後はもちません。不機嫌になって、グズグズになってしまいます。なぜ、食べないのだろう？　偏食なのだろうか？　眠くならないのだろうか？　もしかして睡眠障がい？　いろいろなことが頭をよぎります。

●ツグミちゃん

たとえばこんなことがあります。給食をまったく食べない子がいて、保育者が手を焼いて相談してくれました。ツグミちゃんと呼んでおきましょう。その子とあそんでみたり、保育者と情報交換したりしているうちに、あることに気がつきました。どうも、耳がいい。

そこで、気候もよかったので、テラスで給食を食べたらどうだろうかとなりました。保育者は、みんなや

りたいと言ったらどうしようかなと思ったのですが、じゃあ外で食べたい人は自分たちでテーブルと椅子を出し入れすることにしてみようとなりました。最初は、やっぱりみんなやりました。そして、ツグミちゃんも、「あっ、なんだかたのしそう」という感じで食べだしたのです。何日かやっていると、参加者はだんだん減ってきました。子どもたちはあそびではじめていますから、飽きればやらなくなります。けっきょく、寒くなる季節までやっていたのはツグミちゃんと、仲間になった男児二人だけでした。外ではさすがに寒くなってくると、屋内で食べるしかない。すると不思議なことに、ツグミちゃんも部屋で食べられるようになっていました。たぶん、園で食べるということに安心できたから、そして、たのしかったからだと思います。

●ボイコット君

あるお昼寝ボイコットの子は、「おうちづくり」で眠れるようになりました。自分専用の段ボールのおうちを保育室や遊戯室に建てて、そのなかで寝るのです。こんなたのしいこと、やらないわけがありません。みんなやりました。ボイコット君はもちろんです。ただし、自分で出し入れする約束です。じょじょにおうちは少なくなりました。最後まで使っていたのは、ボイコット君だけ。彼には、必要だったからです。

この二人の子のような例を、私はいくつも経験してきました。共通するのは、個別対応ではなく、みんなでのあそびとしてやってみるところから、最後は必要な子だけが生活のかたちとして自分でそのやり方を残すということです。

先ほどの**図2**で松井さんが整理した「保育本来のあそび」のプロセスこそ「特別支援」に必要な考え方な

のだと思います。〝特別〟は〝ふつうとちがう〟〝異質〟ということではなく、どの子にもその子の〝必要〟から考えていこうというアプローチです。ツグミちゃんの「食」も、ボイコット君の「睡眠」も、彼女らに必要なことでした。その生活の必要を、あそびをとおして満たしていこうとしたことによって、みんなのたのしみをくぐることができました。

多様性の尊重とは、ひたすら細分化される「特別対応の山」をきずくことではないと思います。むしろ、「共通基盤の再確認」が求められているのです。なぜなら、多様性を考えなければならない時代ということは、それだけ従来の「標準」が小さくなってきたということでもあるからです。「標準」の内側にいると思っている人や子どもにとっても、生きづらい社会になっているように思われます。それを見ないふりするのではなく、あらためて「どの子」にも何が欠けていて、必要なのは何なのかという共通基盤の再確認をしていくことが、結果として多様性の尊重につながるように思います。ツグミちゃんやボイコット君以外にも、どの子も何らかの生活の必要をもっているはずです。それを個人の課題だと考えず、あそびをとおしてほかの子とつないでいくところに、保育の魅力とむずかしさがあるのでしょう。

(2) ちがいながら、つながる可能性

悪友の赤木和重さんが、たまにいいことを書くことがあります。彼が、家族をともなって1年間アメリカに滞在したときの研究成果に、『アメリカの教室に入ってみた』という本があります。そのなかで、彼らが紆余曲折してたどりついた〝The New School〟という、5歳から14歳までの子どもが異年齢で学ぶ学校（アメリカの義務教育基準を満たす）に、娘さんが通うことになりました。

その学校には、公立学校などで傷ついた経験をもつ子どもたちもきているとのことですが、異年齢でありながら基本的には一人ひとりにあわせたカリキュラムですすめられていくのです。赤木さんは、このようなスタイルを「流動的異年齢教育」と名づけました。どうしてこのようなかたちになったのかたずねると、先生がこういったそうです。「どの子もバカだって思われたくないよね」[6]。

「どの子も自分が劣っているとは思われたくないし、思いたくないものです。その願いは、小さな子どもも、障害のある子どもも、障害のない子もみんな同じです。その願いを大事に大事にしたら、流動的異年齢教育に行きついたのです。個々を大事にすることを突き詰めることが、多様性のある集団に行きつくという結論は、不思議なような、面白いような、納得するような、そんな感じがします。／インクルーシブ教育や異年齢教育が、先に『よきもの』『正しいもの』としてあるのではなく、一人ひとりのプライドを尊重することが最初にあったのです」[7]

赤木の2次元モデル

赤木さんは、**図3**のような図式をつかって、インクルーシブ教育（保育）のかたちのちがいを説明しています。タテの軸は、子どもそれぞれのちがいを認めるかどうかの軸です。ヨコの軸は、子ども同士のかかわりや関係性を重視するかどうかの軸です。

彼がアメリカ（東海岸のシラキュースという町）で見てきた一般的なインクルーシブ教育は、③のようなものでした。つまり、個別学習が中心で、それぞれの学習課題には応じているのでしょうが、子ども同士のつながりをつくっていく部分がほとんどないようです。これに対して、日本のインクルーシブ教育（特別支援

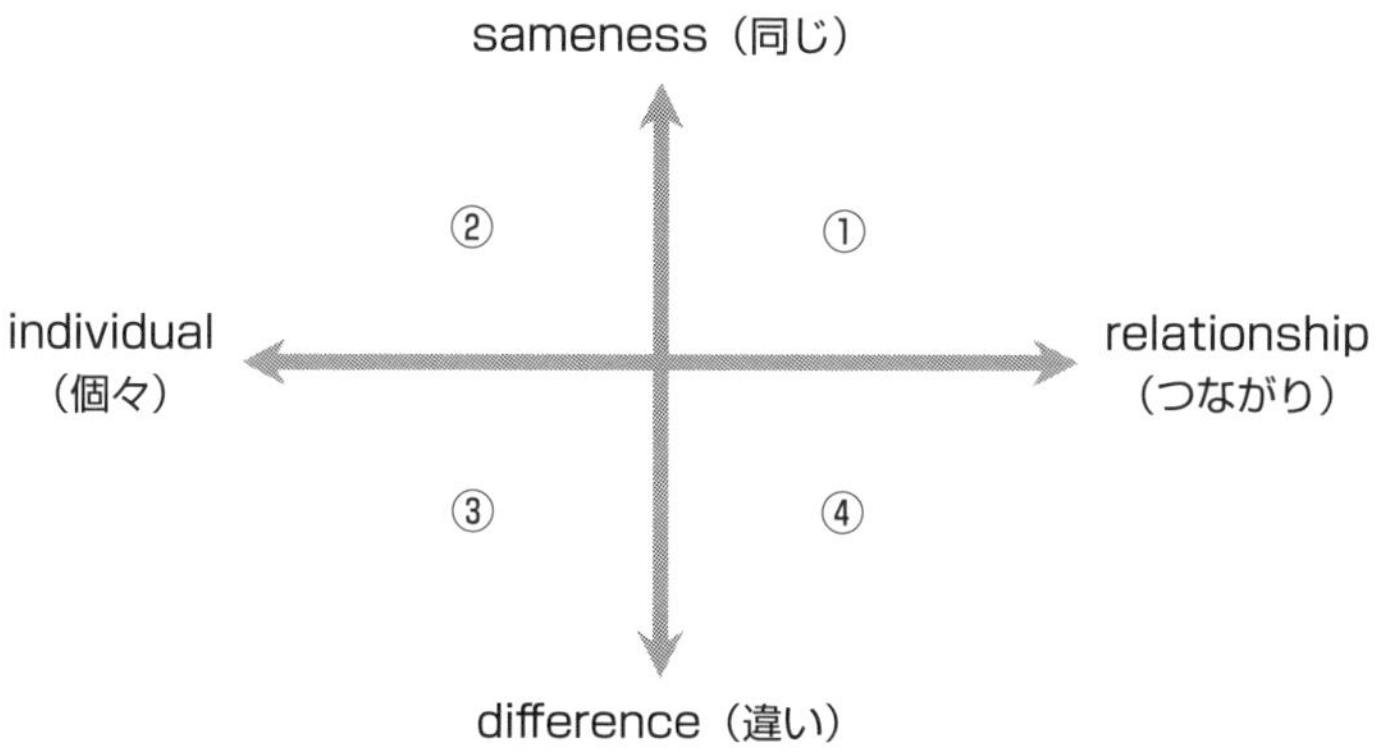

図３　インクルーシブ教育（保育）のかたち8

教育）では、つながりを重視していますが、同時に「みんなと同じようにできること」に価値がおかれ、個々のちがいがいかされにくいようです。つまり、**図**の①です。これは先に吉川さんや松井さんの研究で指摘されていたことに通じます。

“The New School”では、異年齢でありながら異年齢のかかわりが過度に期待されるわけでなく、教師は基本的に子どもたちの自主性にまかせながらかかわりが生まれることを支援しているようです。カリキュラム（コントラクトといわれる各個人用のもの）は、子どもや保護者とも相談して、それぞれの必要に応じてつくられ修正されていきます。このような流動的異年齢教育は、**図**の④に位置づくとのことです。

この学校のようなスタイルは、特殊で一般化できないという意見もあるかと思います。でも、私はそんなことはないと思うのです。先にみた幼稚部の実践もそうですし、ツグミちゃんやボイコット君も日本のごくふつうの園での話です。すべてが④のようにはできないとしても、どの子もダメな子だって思われたくないという共通基盤から考えてみると、おのずと方針が立ってくるのではないかと想像します。

第13章　保育の公共性

1　人と出会い、地域をつくる仕事

(1) 畑から保育所へ

先に紹介した近藤幹生さんの『人がすき 村がすき 保育がすき』という本には、彼が信州の農村で共同保育所をいとなんでいたころの悲喜こもごもがつづられています。この本は、近藤さんの若き日の自伝であると同時に、保育というものがいかに家族や地域社会の諸事情に応答する実践であるかを垣間みせてくれます。冒頭に、「真夜中の出荷作業」という一節があります。

「七月の夜、畑をライトで照らしながら、レタスの出荷作業が続く。時計を見ると、午前三時半である。レタスを切り、葉を少し落として、場合によっては葉をむいて形を整える。そして、芯が上になるようにして、並べていく。包丁がレタスの底にさしこまれ、切り取られ、きちんと置かれるまで、一瞬のことである。深夜の作業にライトは欠かせない。並べられたレタスの切り口を、水を含ませたスポンジでふいていく。最近ではタンクに水が入っている噴霧器があり『シュッ、シュッ』と水を吹きかけて芯の部分の汚れや白く出る液をとっていく。腐りが入らないようにするためだ。そして、段ボールにレタスをていねいに詰めていく。レタスには大きさによって決められた等級があり、L、M、Sなどと種別に箱に入れられて、ふたをしてからシールがはられていく。L級は十六玉ほど入る。段ボールにふたをするとき、ボクサーというホチキスのおばけのような道具を使ってロックしていく。こうして整えられたレタスの箱が薄暗い畑に整然と並ぶ。ライトの動力となるモーターの音が響いている。その中でもくもくとすすめられる出荷作業。区切りがついたころ、一息いれる。しばらく前に夜は明け、もう照明はいらない」[1]

これは一九九〇年前後の長野県南佐久郡川上村での光景です。美しい八ヶ岳連峰を眺める標高千メートルをこえる高冷地の畑の農繁期の日常です。じつはちょうど同じ時代に、私は隣村の南牧村の農家にいました。レタスやキャベツ、白菜などを育て出荷する農家に住みこませてもらい、毎日毎日、夜明け前から夕暮れまで農作業に汗をかきました。私が経験させてもらったのは、農作業全体の1％に満たないものだったと思いますが、近藤さんが描写した農繁期の光景を読むと、いまも手にレタスの芯を切る感触がよみがえります。

家族の生活のなかに保育があること

ただ、若かった私には、一戸の農家の生活がもっと多様な地域的ひろがりのなかでいとなまれているということに思いおよんでいませんでした。住みこみ先の農家には、幼い子どもたちもいて、毎日いっしょにご

写真１　家族総出での収穫作業[2]

写真２　畑で朝を迎え、保育所に向かう子どもたち

はんを食べたり、あそんだり、それなりのかかわりをもっていました。ただ、子どもたちが保育園でどんな経験をし、親たちがどんな苦労やよろこびのなかで日々の送り迎えをしているのか、考えもしませんでした。近藤さんの本から、生産活動（農業）の背後にある子育てと保育のつながりがみえる一節を引いてみたいと思います。

「みやま共同保育所にけいすけ君（一歳）を預ける高見沢勉さんは、まだ寝ている二人の子を毛布にくるんで畑に向かう。やはり午前三時ぐらいのことが多い。子どもたちは軽ワゴン車の後ろで寝ている。奥さんと二人で作業が続く。いつごろだろうか、目が覚めたおねえちゃんとけいすけ君。畑で朝食をとり、八時過ぎにそのまま保育所にやってくる。『おとー、おとー』と大きい声で泣く。まだ眠いのかもしれない。『がんばれよけいすけ、おとうちゃん迎えにくるからな……』とお父さんはまた畑に行ってしまう。村中に響きわたる泣き声。けいすけ君はようやく砂場でおもちゃの車を動かしながらあそびはじめる。まだ、べそをかいている。一人、二人と子どもたちがやってくるうちに、楽しいあそびがはじまっていく。なっちゃん（二歳六ヶ月）は、元気のいい女の子。けいすけ君の横にきて、『もう（牛）のうんこはこぶからねえ』なんて言っている。私と目があうと、思い出したように、『おじちゃん、しょうどくやってえ』とふろしきを何枚ももってくる。いくつか繋ぐように結んであげると、『おーい、ひっぱってえ、しょうどく、しょうどく、ゆかりちゃん、ちょっとくさいから、あっち、どいて、あ、しんかんせんのるから、きょうきょう（東京）いくからいそいでしょうどく、あっ、さわっちゃあだめ……』と長くなったふろしきを消毒のホースにみたててひっぱっている。そこへるみこさん（三歳）も加わる。『あーあー、しょうどくのくすりついちゃった、てあらおう、あーあー……』まるで、忙しい農婦たちである[3]」

夜中、まだ眠ったままだっこされて、軽ワゴンに乗って、畑に行く。親たちの農作業のあいだ、子どもをみる人がいなければそうするしかありません。家に置いておくこともできますが、畑が離れたところにあるなら、そういうわけにもいかないのです。畑で朝を迎えて、畑で朝食を食べて、それで保育所にやってくる。これは一九九〇年ごろの話ですけれども、いまはどんな様子なのでしょうか。

（2）あそびは生活を反映し、生活にもどる

暮らしには、ぎりぎりの橋を渡っているような面があります。農繁期であれば、先のような毎日があります。それでも、子どもが健康なうちはまだどんなにか助かります。ひとたび熱でも出せば、立ちどころに生活のバランスがかたむきます。子どもの看病に、一人の手がとられると、どうなるでしょう。家族のだれかが畑に出られなくなります。症状が重ければ、病院に連れていく必要があります。一人で車に乗せて、ぐったりとした子どもに気をつかいながらの運転、診療所についてからの待ち時間、泣く子どもをなぐさめる苦労。全身にじっとりとした汗が流れます。食事の支度ができません。病人がいると洗濯物が増えますが、洗

濯もままなりません。掃除もできず、部屋が散らかっていきます。子どもの熱は、日中は一時的に下がることがあります。しかし、夕方から夜にかけて、ふたたび高くなっていくことが多いのです。昼間の看病で疲労した身体で、夜の看病がつづきます。ふと目覚めると、朝。横で子どもがスースーと寝息をたてていたときの安堵感……。

積雪寒冷地の農村でいえば、農閑期はまた別のたいへんさをかかえる世帯も少なくないでしょう。農業収入はほぼ見こめませんので、夏の蓄えで暮らすことができなければ、出稼ぎなどに出るしかありません。一年中同じようなリズムで生産活動を継続できる都市部と異なり、季節周期にあわせて子どもの生活基盤が変わっていく地域では、保育もそのリズムにあわせていとなまれます。

子どもとはいえ、夏のあいだ夜中に家から畑に移って眠り、屋外で朝食をとり、そのまま保育所にやってくる生活に、きっと疲れもたまるでしょう。夜中に畑に子どもを連れていかずにすむ農家でも、春から半年以上にわたってつづく重労働の毎日は、おとなたちの気力と体力をうばいます。そういうなかで、幼い子どもたちもおとなたちを気づかい、がまんもしているでしょう。それは、大なり小なり、都市部の家族の暮らしにも共通する生活現実だと思います。

●あそびのなかで子どもの命を守る

保育は、そうした子どもと家族を丸ごと受けとめようとします。家ではいろいろなことがあるだろう。でも、保育園や幼稚園にきたら、あそびのなかで子どもの生活のすり傷を癒やしながら、成長を支える。保育は、あそびのなかで子どもの命を守るということをしています。これは一つの大事なポイントだと思います。

先のけいすけ君やなっちゃんのエピソードのように、子どもたちのあそびは、その生活を反映しています。

保育のような安心できる場で、あそびという安心できるかたちで、子どもは生活をなぞり、また即興でアレンジして、ときに背のびをし、自分たちの生活の意味に気づいたりします。実生活はサバイバルですから、ふざけてばかりはいられません。でも、あそびのなかでは、失敗もふくめて、安心して自分を試すことができます。そして、それがまた生活に返っていきます。子どもにとってあそびがたいせつな理由の一つは、それが生活を反映し、また生活にもどるからです。そういうあそびの過程を守るのが、保育の大事な部分なのでしょう。

近藤さんは、保育を「人と出会い、地域をつくる仕事」だと述べています。[4]都市部であっても、保育は人を頼りにし、ともに育っていく地域を必要としています。そして、子どもと家族の生活を受けとめようとする保育者もまた、その地域の生活者であることが多いのです。親子と同じように、個人的事情をかかえながら保育の場に立っている人たちなのです。そのことは、いくら強調しても、しすぎることはないでしょう。

2　生を支え、人を励ます専門家

(1)「災害への備え」とは何か

平成は、経済不況とともに、じつに災害の多い時代でした。そのことが、人びとの社会意識の基層を、不安と危機管理に染めてきたように思われます。現代の保育者や保護者にとって、自然災害はもとより、交通事故や犯罪被害から子どもたちをどう守るかが、大きな関心事になっています。そのことは、子どもを育てるという意味においては、チャレンジに対して消極的になりやすい面も生むでしょう。しかし一方で、命を守るという保育の根本的な役割を再認識するという意味では、災害や事故への備えを議論することは不可避であり、また保育を発展させる可能性を秘めていると思います。

ここでは、塩崎美穂さんのことばに耳を傾けてみたいと思います。二〇一七年にいっしょに本をつくった際に、塩崎さんは「『災害への備え』とは何か」という文章を編んでいます。その冒頭は次のようにつづられています。

「ひとたび保育中に災害が起これば、保育者には秒単位の即断と、自ら役割を見つけ行動し続ける気力が求められる。（中略）これまでの経験からわかっていることは、保育者がマニュアル通りの対応だけをして、子どもたちを守ったわけではなかったということである。（中略）東日本大震災では、防災訓練が役立ったこともよく知られてはいるが、それと並行して、保育者の『機転』で指定避難所より安全な場所へ移動したことが多くの子どもの命を救った。保育者たちは、波にのみ込まれないよう子どもをおぶい高台をめざし、『子どもがいます、助けてください』とさけび、まわりに窮地を知らせ逃げきった。想定外の事態で必要だったものは、決められたことだけにこだわらない柔軟な判断力と裁量権だった。災害に強い保育体制をつくるためには、保育者に自分の判断に責任をもつ実践上の主体性が保障される必要がある」[5]

二〇一八年春から実施されている現行の保育所保育指針などには、「災害への備え」という項目が新設され、設備面の点検・管理に加え、職員の役割分担、避難訓練やマニュアル作成、保護者や地域との連携などがうたわれています。こうした備えはもちろん大事ですが、塩崎さんが強調しているのは日ごろから保育者の「実践上の主体性」が尊重されることの重要性です。それは、災害などの危機下ではなく、むしろ日常の保育活動のなかでこそ培われるものです。毎日のあそび、散歩などの園外保育、計画や行事の立案や変更など、保育の中心となる活動にいかに個々の保育者が参画し、各人の声が拾われ、実践が柔軟にいとなまれているかにかかわっています。同時に、子どもたちからの声をきき、取り入れ、あそびをよりおもしろく豊かにしていこうとする相互性と対話のある保育の積みかさねが、保育者の主体性と危機対応能力を確かなものにすると考えられます。そのために、現在の職員配置基準（保育者対子どもの人数）[6]の大幅な見なおしが必要であることも他言をまちません。

（2）保育の公的性格

塩崎さんは、「災害への備え」とは何かを考察することにより、保育者の専門性と保育の公的性格にも言及しています。少し長いですが、中略を入れながら紹介します。

「熊本地震では、保育園が在園の親子はもちろん、地域の親子の生存拠点としての役割を果たした。指定避難所の体育館より保育園の遊戯室は暮らしの場に近い。加えて、風呂を焚き、物資を分け、連絡調整に声をかけ、疲れた親子を抱きしめ、文字通り不眠不休で『持ち場』を守る保育者がいた。保育者とは、生を支え、人を励ます専門家である。毎日の子どもとの暮らしの中で身につけている『持ち場』を切り盛りする技能、人を癒そうとする心根が、非常時にも、私たちの社会のセイフティネットとして頼りになった。（中略）学校の体育

写真3　避難所として地域に開放された遊戯室（熊本・さくらんぼ保育園、2016年4月）[8]

館は、乳幼児や障碍をもつ人、そしてその家族にとって避難所としての利用は難しい。（中略）各自治体の防災行政として、指定避難所の円滑な運営と同時に、指定避難所では生活しづらい住民を受け止める自主避難所にも情報や物資が届けられる統括機能が必要だということである。中でも保育施設を被災時の公共財としてどのように活用するかについては、各自治体で早急に話し合っておく必要がある。（中略）その際、災害に対応できる専門性をもった保育者を十分に確保しておくことの重要性は何度も確認したい。とくに公務員保育士をこれ以上減らしてはならない。避難所で起こる住民同士の対立も、行政窓口へ向かいがちな不満も、保育者が間に入ることで収束することを私たちは知っている。考えてみれば保育者の日々の実践もまた、子どもの声にならない思いをくみ取り、親の不満を真摯に聴き、折り合いをつけていくことで成り立っている。保育者のこうした『他者同士の思いを察してつなげる』専門性を、災害対策としても低く見積もってはならないだろう」[7]

先の引用もふくめて、塩崎さんの文章には重要な指摘がいくつもあります。まず、保育のような場には、首がすわっていない赤ちゃんや障がいをもっている子どもをふくめて、多様で多数の子どもたちがおり、また睡眠や食事やあそびや園外保育など、生理的な覚醒水準から活動形態、活動場所もさまざまで、それらが同時並行的にすすんでいます。そういう現場にあわせて、そもそもどのようなマニュアルがふさわしいのかも難題ですが、マニュアルが果たせる役割の限界もつねに考えておく必要があるということです。

●「弱い個人」を想定する

マニュアルでの行動が期待できる人というのは、基本的に自分に言語的な指示が下せる人（こういうときにはこうするとか、○○の次は△△をするとか）であり、体力的にもある程度強い主体が想定されていると思います。それは低く見つもっても、小学校の中学年以上でしょう。保育はそうではない人たちばかりの集団なので、強い主体が均一にそろっているという前提ではないところから、災害に対して備えていく必要があります。

また、そもそも一般に想定されている避難所のスケールや機能というものが、乳幼児や障がい者や高齢者とその家族にとっては、生活を危機的なレベルにまで下げてしまうおそれがあるということです。これに対して、保育所などのしつらえはそもそも「安心して生活する」ことをめざして設計されているので、災害時の拠点として能力を発揮することが期待できます。設備はもちろんですが、天井の高さや廊下のゆとり、天然木などの床材や壁材、適度に仕切られた空間構成、テラスや園庭、玩具や植物といったさまざまな要素が、人間をリラックスさせる環境となっています。災害や危機下までをもふくめたとき、保育の場がもつ公共財としての価値は、いっそうひろく高いものになってきます。

(3) 文化としての保育者

そして、何より「保育者」です。保育者にそなわった生活基盤をつくりだす知識と技能、そしてそこにあそびの要素をふくませることのできるマインドこそ、私たちの社会にとってのセーフティネットであり、経済学者・宇沢弘文さんのことばを借りれば「社会的共通資本[9]」です。保育者は、消防士や自衛隊や警察とは異なりますから、かならずしも非常時に公共に奉仕することが求められるわけではありません。しかし、私たちの社会のあちこちに、「保育」を専門とする人たちがいること、それはたいへんに重要な財産なのだということです。

塩崎さんは、保育者を「生を支え、人を励ます専門家」と呼びました。私には、これ以上の表現をさがすことができません。保育の専門性というのは、生活が安定しているときにはみえにくいものだという気がします。医師や法律家、看護師や療法士、教科担当の教師や心理士といった専門家にくらべると、保育者が行う一つひとつの行為に、一般の人が何か特殊な専門性を感じることは少ないかもしれません。しかし、だからこそ、災害などで日常生活の根元が揺らいだときに、その専門性の輪郭があらわれてくるのです。水や空気に命を支えられているように、保育は静かに子どもと保護者の命を支えています。日々の親子の暮らしも、小さなかたむきや傷を負っています。保育者の多くは、そこを感じながら、陰に陽にはたらきかけて、親子がバランスを保てるように支援しているはずです。そして、ひとたび災害などの状況になれば、塩崎さんの文章にあるように、保育者のもつ専門性はすべての人に開かれたものになりえます。

保育文化の知恵と身体技法

ただし、保育者の専門性を強調するからといって、個々の保育者の力量形成のハードルをあげたいわけではないのです。ぎゃくに、保育がいかにチームワークによって成り立っているか、「保育者」という人びとがある種の文化として、いかに集団的に時間をかけて育てられるものであるのかに注目する必要があります。

現代の私たちの生活はほとんど機械文明に依存しているので、生活の必要が何によって満たされているのかふだんは意識していません。あたたかいお湯が出ないというだけで、赤ちゃんの命はたちどころに危機におちいります。そうした、命の根底を支える生活基盤のかたむきに、保育者の身体性は瞬時に反応します。命を守るために、何が足りないかが分かること、命が安定したときに、どんなたのしみ（あそび）が必要か分かること。保育者は、幼い子どもたちと生活＝文化をつくりだす毎日を送っているので、文明装置がシャットダウンしたときに、一般の人よりも早くかつ的確に生活を回復させるスイッチが入ります。こうした能力は、個人のものというよりも、保育文化として継承されてきた知恵であり身体技法です。

一九八〇年代から後手後手にまわってきた保育政策のツケのために、この20年以上〝待機児童〟問題に日本社会が揺れています。しかも、保育の社会的価値が何なのかをかえりみることなく、できるだけ安上がりにすませようとして、複雑怪奇な制度設計になってしまっています。保育の質は、単に個々人のスキルの総和で測れるものではなく、保育文化としての蓄積と継承のうえにはじめて保証されるものです。そうした職員集団が手を入れ、子どもとともに、生活の豊かさを追求して耕した保育施設が地域のなかに存在することによって、災害時をふくめて「保育」のさまざまな社会的付加価値が生まれてくるのだと考えられます。そのことをふまえた政策哲学のうえに、真の制度設計がなされていく必要があります。

第14章 「信頼」の中間共同体

1　安心社会と信頼社会

(1) 社会心理学からの示唆

ここで少し視野をひろげておきたいと思います。

社会心理学者の山岸俊夫さんによると、日本は他者に対する「一般的な信頼」が低い社会だそうです。[1] しばしば〝集団主義的〟と形容される日本人が、他者への信頼が低いというのはどういうことでしょうか。

●安心社会

山岸さんは、「安心社会」と「信頼社会」を区別します。安心社会というのは、他者を信頼する必要のない社会です。たとえば、外部からのアクセスが限られているかつての山間の集落のようなところでは、家に鍵をかけません。そこでは、集落内の人が泥棒などに入る可能性はきわめて低いからです。社会的な確実性が高く、いちいちたがいを知りあうためのやりとりをする必要がありません。ただ、反面で、安心社会で人びとの期待を裏切ったときには、苛烈な制裁が待っています。ですから、そこでは「空気を読む」ことが重要になります。外部との人の入れかわりが少なく、「よそ者」への警戒と排除が強くあらわれます。ムラ社会と呼ばれてきた共同体の性格でしょう。

●信頼社会

一方、信頼社会というのは、社会の不確実性が高まったときに必要になるものです。そこでは、はじめて会う人や、いままでかかわりのなかった業界と、どうやって関係をつくっていくかが重要な問題になります。「人を見れば泥棒と思え」という構えでは、新しい関係性をきずくことはできません。重要なのは、「正直者が馬鹿をみない」ことであり、どうやったらたがいにとってよい状態（得する状態）になることができるのかを考えていくことになります。そこでは、人びとが基本的に他者一般を信頼する構えがあるかどうかが重要なポイントです。

(2) 日本は「信頼」の低い社会

山岸さんたちの長年にわたる入念な調査と実験によって分かったことは、一般には「個人主義的だから他人を疑ってかかるだろう」と思われがちなアメリカ人のほうが、「集団主義的だから他人を信用するだろう」と思われがちな日本人よりも、ずっと「他者は一般的に信頼できる」と考えているということでした。[2]

共同体の内側だけですべてが完結するのであれば、いちいちやりとりしなくても「あ・うん」ですんでしまうので、コスト（取り引きコスト）は低くすみます。社会的確実性が高く、安心です。ですから、山岸さんは、おそらく数百万年の人類史のほとんどは、集団主義社会（安心社会）であっただろうと推測しています。ただ、配偶者は共同体の外部から迎えいれるルートを確保しておかないと、近親婚のタブーをおかすことになってしまうので、共同体のあいだに共通するこの課題を「コミットメント関係の拡大[3]」によって対処してきたと考えられます。コミットメント関係というのは、同じお約束のなかに入るというような意味でしょう。「仁義」や「兄弟のちぎり」のようなものです。

●社会が「不確か」になったとき、「信頼」が必要になる

やがて、文明とともに社会が大きくなり、ヒト・モノ・カネの流動性が高まっていくなかで、共同体内部だけではすまない状況が拡大していきますが、基本的にはコミットメント関係の拡大をしていくことで、人類はなるべく安心社会を継続しようとしただろうと山岸さんは述べています。しかし、それがやがて限界に達したとき、はじめて「信頼」が必要になりました。アメリカも、かつては安心社会でしたが、一九世紀末から二〇世紀初頭にかけて、他者への一般的な信頼を基盤とする社会に変容していったと考えられています（それが、現在はふたたび揺らいでいるようにもみえますが）。

「最後に、日本社会が直面する問題についてもう1度考えてみよう。日本社会はこれまで、社会的不確実性を低下させ、安心を提供するのに有効な、（中略）コミットメント関係を維持しつつ、そのことによって生み出される機会コストを、コミットメント関係のネットワークを拡大することによってなるべく低く抑

えてきたと言えるだろう。そしてつい最近まで盛んだった日本的経営賛美の合唱の中で唱えられていたように、このやり方はつい最近まではうまく機能してきたと言える。それは多分、コミットメント関係が生み出す機会コストの大きさが、ネットワークの拡大で何とか対処できる程度の大きさだったからだと思われる。しかし、現在の日本社会は、コミットメント関係のネットワークの拡大で対処できるレベルを越えた機会コストの増大に直面している[4]」

「機会コスト（の増大）」というのは、経済学の用語なのですが、おおまかにいうと、内輪だけで完結させようとすればするほど、外部との新しいつながりや、それによって得られるよいことを逃してしまう可能性が高まるということです。山岸さんは、企業のビジネスを例に説明していますが、この問題は社会のあらゆる領域にあてはまります。

「安心」の揺らぎと「家族」の重視

第7章で考えたように、戦後の日本社会は「子育て・子育ち」の問題をどんどん小さな領域に閉じこめてきました。それは家族であり、個人（親、とくに母親）です。そうしたなかで、各種社会調査でも、「あなたにとって一番大切と思うものは何ですか？」という回答の1位が「家族」になってきたのです。昔からそうだったのではなく、たとえば統計数理研究所の調査[5]では、一九五八年は1位「生命・健康・自分」22％、2位「愛情・精神」16％、3位「金・財産」15％で、「家族」は12％にすぎませんでした。それが、一九八八年になると、1位「家族」33％、2位「生命・健康・自分」22％、3位「愛情・精神」18％となり、二〇〇三年には、1位「家族」44％、2位が「生命・健康・自分」と「愛情・精神」でともに18％となりました。

こうした「家族」重視の傾向は、一般にはよいことのように思われがちですが、それだけ家族が「最後の砦《とりで》」になっているということを意味しています。その家族が「安心」を守りきれればよいのですが、実際にはそうではなくなってきています。育児不安、孤立、虐待、貧困、教育格差、ひきこもり、介護問題などは、今日ほとんどの人にとって、「家族のなかの不安」として顕在化しています。この問題は、単純に「家庭教育」を推進して、親個人を強くしようとするだけでは解決しないでしょう。

2　中間共同体としての「保育」

（1）保育における「外部」とは

外側にいる人びとや組織への信頼も低く、内側の安心も揺らいでしまっている社会で、私たちは子どもの育ちをどう守っていくことができるのでしょうか。そこで考えたいのが、保育を中間共同体として新しく意味づけていくことです。**図1**のように、保育は複数の家族の集合からなるとともに、保育の内側に閉じず（家族と保育者だけの世界に閉じず）、さまざまなかたちで外部の世界と接点をもっています。この「外部」とのかかわりの意味を、もっと積極的に考えてみたいと思うのです。

私たちの場合、赤ちゃんもその一員として迎えいれるコミュニティを想定しなければなりませんので、おとなだけで構成されたビジネスのモデルをそのまま受けいれるだけでは、十分ではありません。幼い子ども

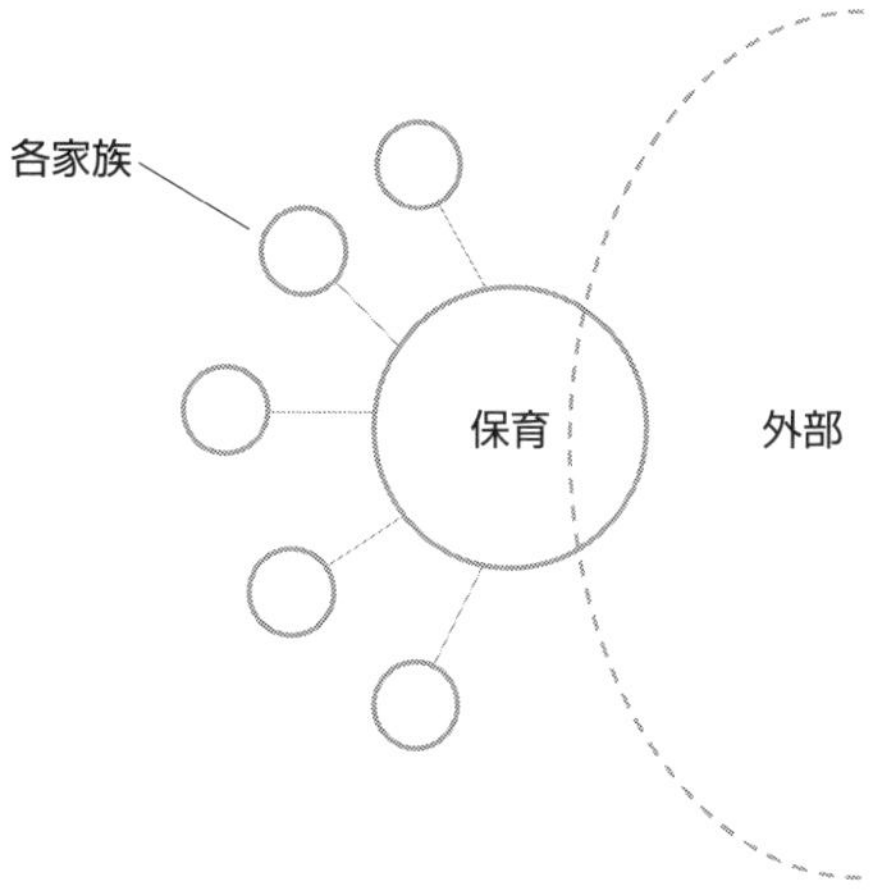

図1　中間共同体としての「保育」

が、やがて他者一般への信頼を学んでいくためには、その基盤に「安全と安心」の感覚が不可欠だと考えられます。それは、保育者との愛着関係であったり、生活リズムが整うこと、また体調や発達に応じてリズムを調整してもらえるという安心感であったりします。ただ、もし安全と安心の感覚を得られたとしても、保育の領域が外部から閉じ、外の世界との新しい出会いに消極的すぎる場合には、子どもは安心社会の住人にはなりますが、信頼社会を想像することがむずかしくなります。

外部とのかかわりが育む信頼

「外部」とのかかわりというと、どんなものが思い浮かぶでしょうか。ボランティア、お散歩、園外保育、近所の畑を借りての栽培、山を借りての自然活動など、いろいろ考えられます。しかし、外部というのは、単に物理的に園外の環境と接触することだけではないのです。園外環境と接することは重要なのですが、その〝接し方〟が問題です。すなわち、ここで「外部」といっているのは、「あ・うん」ではないコミュニケーションをする相手やできごとに出会うことを意味します。

たとえば、ある幼稚園では、子どもが持ってきた新潟中越地震（二〇〇四年）の悲惨さを報じる新聞の切り抜きから、一つの保育が展開しました。

「何しろ、その写真が衝撃的だったので、ただただ一緒に見てその現状について話すという感じでした。／たとえば新幹線が脱線している写真を見て、『新幹線って脱線するんだね』『乗っていた人は暗いところを線路に沿って歩いたんだって』（中略）などと話したり、（中略）そんな話し合いの様子を見ながら、次の日にはまた違う写真を切り抜いてもってくる子どもが出てきて、写真の中身も、だんだん被災された方の生活の様子や、ボランティアの人たちの活動を伝えるものが増えてきたのです」[6]

保育者たちは、それぞれの子どもから出てくる「つぶやき」やちょっとした「気づき」を、みんなで考えていける課題や目的にして返していくということをたいせつにしていたそうです。どんなものが出てくるのか、不確実なわけですから、このような保育者の構えは、「安心社会」スタイルでは維持されないと思われます。どうしたら、もっとおもしろくなるか（「よいこと」があるか）を考えるには、まず相手を信頼してみることからコミュニケーションがはじまります。そうこうするうちに、子どもたちからはいろんな記事が持ちこまれるようになりました。

「そんなことを続けているうちに、今度は地震とはまったく関係のない切り抜きを持ってくる子が出てきたりして……。たとえば、紅葉の写真や、子ども相撲大会でおしりのアップが映し出されたおもしろい写真を持ってくる子がいたので、『これは？』と話を聞いてみると、『紅葉の写真を見ると新潟の人たちは元気になるかなと思って……』と、持ってきた子は言うんです。相撲大会の写真を持ってきた子も、『前、オリンピックの時、みんなこんな写真持ってきたよね。がんばっている写真』と。なるほど、と思いました」[7]

加藤繁美さんは、こうして子どもたちの〝必要感〟によって活動の〝必然性〟が生まれていく実践の過程を「対話的保育」と呼んでいます。山岸俊夫さんの安心社会と信頼社会という対比とつなげて考えると、対話的保育は信頼社会を形成していくための方法だと考えられます。

保育にとって「外部」というのは、「地域や関係機関との連携」というような話ではなく、子どもの〝必要感〟を起点として活動に〝必然性〟をもたせていくこと、つまり、保育のなかで「おもしろいことが追求できる」という経験そのもののことです。そこには不確実性があり、不確実性に対処することによって「おもしろさ」と他者への信頼を経験し、ひるがえって、そのように「外部」とかかわりをもつことのできる「自己」への信頼を形成していくと考えられます。

(2)「どうする?」が開く新しいつながり

保育にとって「信頼」を育む「外部」は、園内での活動のなかにも十分あります。というか、ほんとうは日々、そのチャンスに満ちています。月曜日の朝、週末お父さんといっしょに捕ってきたヤゴを小さな水槽に入れて、持ってきた子がいるとします。玄関先で、それを受けいれの先生に見せます。先生は、「わー、すごいねぇ。よかったねー」と言いますが、その子はニコッとしながらも、靴を脱ぎません。

ここに、一つの分かれ道があります。安心路線でいくならば、「お父さんに持って帰ってもらおうね」になります。でも、「どうする?」ときくと、事態は一気に不確実性を帯びはじめます。「お部屋で飼いたい」と子どもは言うでしょう。このひとことが、保育を「外部」へと誘います。それは不確実性をもっていますが、新しいつながり(子どもとの、保護者との、子ども同士の、地域や環境との)を秘めています。

「じゃあ、ちょっと担任の先生にきいてくるね」。次のひとことが、子どもにとって「他者への一般的信頼」を学ぶ一歩になります。たとえ、今回は見送られたとしても、自分の前に「外部」が少しでも開かれたかどうかは、当の子どもにとってだけでなく、その子のうしろで先生と子どものやりとりを少し気まずい思いできいていた保護者にとっても、「保育」という場への信頼を芽吹かせるものと思います。

保育は、このように、日々の小さな経験によって「信頼の中間共同体」となりうる場です。いや、すでに多くの現場は、そのような社会的役割をはたしてきたのだと思います。私はここで、そのことの意味を少し理論的に再確認したにすぎません。この再確認をふまえて、次節でもう一歩、保育が社会ではたしうる役割について考察してみたいと思います。

3　現代と保育

(1) あらためて、〈教育〉とは何か

先に述べたように、日本に幼稚園というしくみが輸入されていく過程では、あえて「幼稚（穉）教育」（幼児教育）という語は避けられ、その実践の内実をあらわす語として「保育」が採用されました。それは、現在の学校教育法にも生きています。保育所では、「保育は養護及び教育を一体的に行うことをその特性とする」（保育所保育指針二〇一七年三月告示）とされています。このように、幼稚園、保育所ともに、「保育」

という語に教育的性格を包みこんでいます。では、私たちが「教育」ということばにもたせている意味あいとはいかなるものなのでしょうか。

●「人づくり」の特殊な技術——「能力を引き出すこと」

中内敏夫さんによれば、[8]今日私たちが一般に考える「教育」というのは、人類の歴史のなかで「人づくり」(人間形成)のある特殊な役割を負って生まれてきたものです。それは、自由ではあるが不安をともなう世の中で、「よりよく」生きるために能力を獲得することを「助ける」仕事、技、技のシステムとして発展してきました。その歴史的経緯は、次のように説明されています。

「〈教育〉の概念が成立する背景には、中世的な共同体——地縁的・宗教的・血縁的な紐帯の解体があった。個人の利益と社会の利益とが一致していた、というよりも個人の存在しなかった中世的な共同体では、『教化』と『教育』とは区別される必要がなかった。ところが、共同体が解体し、個人の利益と社会の利益とが区別される近代になると、共同体から自由になった人間が、現実の社会で自立して生きるための能力を獲得しなくてはならなくなる。それまでにもあった『教える』というしごとの性格はつくりかえられ、自由だが不安定な近代社会をよりよく生きるための能力の獲得を助けるしごとの不可避性が出現する。その社会のなかで自然になされる『形成』とは異なり、また共同体や国家の維持や発展を意図した『教化』とも異なり、個人としての子どもに、意図的・計画的に能力獲得への助成を行うしごととしての〈教育〉の立場が姿をあらわしてくるのである。これが〈教育〉の誕生の構造である」[9]

中内さんたちによると、こうした〈教育〉の考え方は一五世紀のイタリアで芽生えたものですが、それが一六世紀なかばには「能力を引き出す」という意味のラテン語〝educere〟（エデュケーレ）を語源として、英語でいえば〝education〟（エデュケーション）の語があてられるようになりました。じつは同じころ、発達（development）という概念も成立しています。それは、宗教改革の時代にあって、「さまざまな罪に包み込まれた人間が、教養の改革と学習によってみずからを解放することができるという観念の成立」であり、発達とは、「自身を包み込んでいる（envelop）ものからみずからを解き放ち、引き出す（de）という意味」だったのです。[10] つまり、近代的な概念としての〈教育〉と〈発達〉は、まさに双子のような関係として、ヨーロッパ社会に誕生したといえるでしょう。

日本はどうでしょうか。中内さんたちによると、近世漢学者の常盤貞尚という人が「教育」という語を使った例があるそうですが、それは「教導撫育」「教導化育」の略語ということで、近代的な意味での〈教育〉ではなく、上から下へ統治するために行われる「教化」の意味でした。日本では、ヨーロッパにくらべると、長く共同体的な社会が存続したために、個人が自由に「よりよく」なるという思想は熟しきらず、「教化」的な人間形成の領域が根強く残ったと考えられます。明治維新後に、発達と同様に、教育もヨーロッパ語の翻訳として定着していくことになりました。

（2）〈教育〉の古層・エデュカチオ――「食を与え、養うこと」

一方で、教育（education）のラテン語の語源には、もう一つ、〝educare〟（エデュカーレ）があります。先の〝educere〟（引き出す）と字面が似ているので同じようなものかと思いがちですが、じつはかなりちがう意味なのです。それは、「養い育てる」ということです。白水浩信さんは、動詞〝educare〟に対応したラテン語の〝educatio〟(エデュカチオ)こそが、教育(education)のより古い語源であると述べています。[11]〝educere〟(引き出す)語源説は、人びとの「能力」を統治(管理)しようとする近代思想(近代ポリス論)のなかでつくられたものだというのです。

白水さんがラテン語〝educatio〟の古い用例を調べていくと、なんと紀元一世紀なかばまでさかのぼり、たとえばコルメッラという人の『農業論』という書物にいきあたるそうです。そこでは家畜や家禽の飼育、つまり生き物を養い育てる文脈で〝educatio〟が用いられていました。また、これに対応するギリシャ語には食糧や母乳を意味する語もあり、総じて、教育(education)のもっとも古い意味は、「〈食〉を核とした、生を養い育てるいとなみ」、すなわち「養生」の意味であると解することができると白水さんは述べています。[12]そして、食を与えて命を養ういとなみが教育だとすれば、それはまさに「福祉」(well-being＝よく生きること)と同根の概念です。

「養護」の語源も「お乳を与える」こと

「養護」の語源であるラテン語の〝nourish〟(ノーリッシュ)も、じつは「お乳を与える」という意味だそうです。[13]つまり、教育も福祉も養護も、もともとはかなり似た、関連の深いことばで、命に対して食を与え、水を与え、その命がつづいていくことを支えるという、じつにシンプルでひかえめな意味があります。

保育とは、まさに「食を与え、養うこと」を守ろうとしてきたいとなみなのではないでしょうか。朝、ごはんを食べて子どもがくる。あそんで給食や弁当を食べる。排泄をする。着替えたり手を洗ったりして清潔を保つ。昼寝をする。起きる。おやつを食べる。またあそぶ……。つまり、食べることと、それにまつわる命を養う基本的な行為を軸に置きながら、実践が構成されているのが「保育」です。

同時に、「よく生きる」ためには、ことばがけやほほえみかけ、たのしいあそびなどが必要で、人間の場合は、それもひろい意味での〈食〉ととらえてよいのだろうと思います。つまり「〈食〉を核とした、生を養い育てるいとなみ」というときの〈食〉とは、一人ひとりの子どもをよく生かす何かであり、そこには保育者のかかわりや保育環境もふくめて考えていく必要があると考えられます。

（3）「引き出す領域」と「養う領域」のひっくり返り

さて、中内さんや白水さんの議論の枠組みを借りながら、私たちの社会とって「保育」とはどんな役割をもっているのか、少し模式的な流れで考えてみたいと思います。**図2**をみてください。三角形（△）が、社会全体を意味するとします。そのなかに、大きく二つの領域があり、“education”（エデュケーション）を「引き出す領域」、“educatio”（エディカチオ）を「養う領域」とします。現在、私たちがいる地点を**D**とします。この**D**にどう至ってきたかという流れで考えてみます。

数百年前まで、ほとんどの人は「学校」のようなものに通うことはありませんでした。子どもも家族や地域の生活のなかにいて、「〈食〉を核とした、生を養い育てるいとなみ」が生活のほとんどを占めていたと考えられます。それは、ただ生きることに精一杯の時代です。これは**A**以前の社会で、中内敏夫さんの説明でいえば「中世的な共同体」です。

やがて**A**の三角形の時代になります。下のひろい部分が、養う領域です。上に少しだけ引き出す領域があります。つまり、知識や技術を意図的かつ効率的に学ばせて、親とは異なる職業を選んで、「よりよい」暮

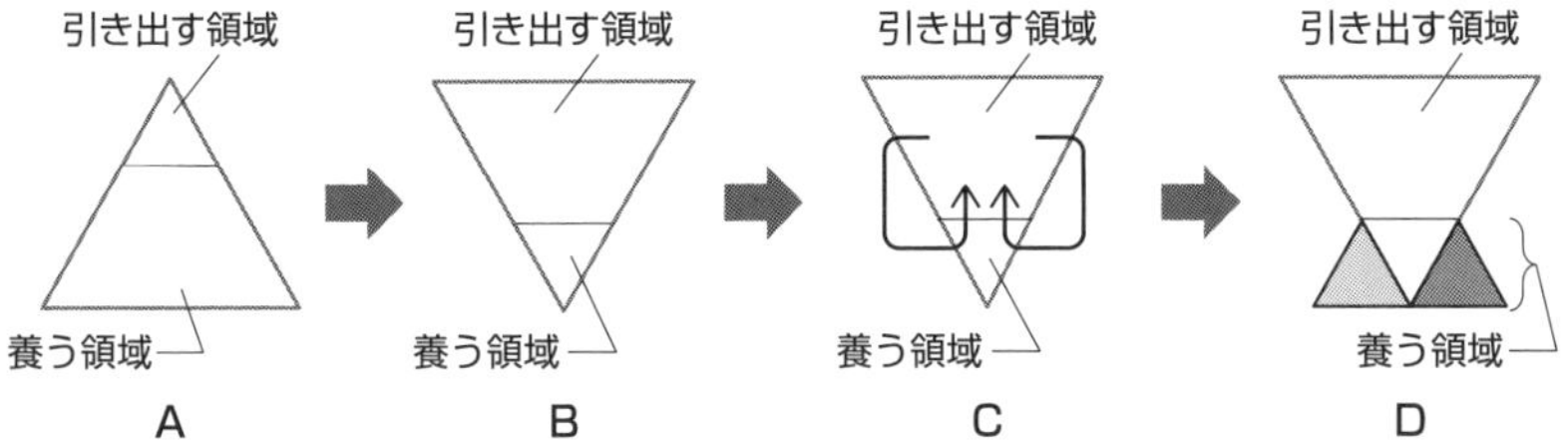

図2 「保育」が生まれるまで

らしを得ていくために、〈教育〉が個人を助成していくしくみが社会に生まれたことを意味します。その中心が、「学校」です。しかし、Aの段階では、養う領域の土台の上に、ほんのわずかに引き出す領域があるにすぎませんでした。

そのうちに、学校的なものが社会のなかにひろがり、生活のほとんどが引き出す領域になりました。逆三角形になり、養う領域が小さくなっていきました。それが、Bです。とくに、日本では教育産業の発展が著しく、放課後も休日も、子どもは引き出す領域で生きなければならなくなりました。「生きていてあたりまえ」になったという意味では幸福ですが、「人より秀でているのがよいこと」という新しい価値観がひろく深く浸透し、その副作用として、命の次元(ただ生きていること)が軽んじられるようになっていきます。

「生きていてあたりまえ」が新しい〝問題〟を呼ぶ

日々を生きることじたいの価値を認められなくなると、人は何かにせきたてられたような暮らしになります。それが、子どもの安全と安心の感覚をおびやかしていきます。「豊かな社会」になったはずなのに、次つぎに新しい子どもの問題が生じる、あるいは、ある子どもの姿を「問題」とみる新しい認識が生まれてしまう。「問題」とみなされた以上、学校はそれに介入しなければならなくなり、心理学や精神医学の新しい概念が求められるようになりました。それがCです。

図中の矢印は、学校(引き出す領域)が福祉的・医療的な機能をもつことによって、命の次元を引き上げて、学校教育を成功させようとする作用を意味します。

給食の普及・拡充は、早期からはじまった介入の例です。もっとも基本となる食糧を安定させないと、学校教育はうまくいきません。子どもが飢えていたら、どんな効果的な教育法も無意味です。最近は、スクールソーシャルワーカーも入るようになってきました。貧困・生活困難の家庭が増えてくるなかで、学校に福祉制度の入口を作るのです。生徒指導やソーシャルスキルトレーニング、「早寝早起き朝ご飯」運動など、ある種の〝生活トレーニング〟というのも、引き出す領域による養う領域への介入の例かもしれません。もともと、生活を円滑にする技術や知識というのは、日常生活のなかで身につけていたものだからです。

究極的なのは〝化学的〟な介入です。発達障がい等のある子どもへの薬物療法など、学校教育と医療が連携するようになりました。また、保育所や幼稚園でもフッ素塗布などで虫歯予防をしているところもあると思います。これも、教育的なしくみが、命の次元に介入している例だと思います。痩せた命の次元にどんどん介入せざるをえなくなり、学校は多忙をきわめ、複雑になり、パンク状態になってきたのがC以降です。

（4）現代社会における「保育」の位置と新たな展望

いまの地点がDです。Cの倒れそうな三角形のなかだけで対処するのは、そろそろ限界にきています。そこで、ひっくり返った三角形を支える、二つの新しい三角形が生まれてきました。一つが「保育」、もう一つが「居場所」です。前者の「保育」は、150年前に日本に生まれた保育と連続性をもちつつも、第三ないし第四の状況（104頁）以降に新たな社会的役割を帯びるようになった新しい「保育」といえます。後者は、学校ともちがう、会社ともちがう、家庭ともちがう、第三の場所としてあらわれてきました。これは一九九〇年代以降の大きな特徴だと思います。

「サードプレイス」ということばがあります。第一の場所の家庭や地域社会が命の次元を守る盤石さがあれば、第二の場所である学校や会社が競争的なしくみでもうまくいくでしょう。でも、現代はその第一の場所に、命を守る〝溜め〟がありません。そこで、「第三の場所」が求められるようになってきました。近年の「こども食堂」の実践は代表的な例です。また、コインランドリーに飲食スペースや貸出図書があり、くつろげる感じになっていて、洗濯をするという生活のいとなみの延長線上に、訪れた人同士のコミュニケーションが生まれるような工夫もあります。こういうものも、第三の場所といえるでしょう。

●その日一日をつくること

札幌市に『むくどりホーム・ふれあいの会』というところがあります。札幌市の地域子育て支援拠点の一つです。子育て支援というと、乳幼児親子の場と思われがちですが、むくどりホームにはもっといろいろな人が出入りしてきます。小学校以降の大きな子どもたちも、外あそびのあいまにやってきます。子どもはもうこなくなって、親だけがきたりもします。障がいをもつ子やその親、生きづらさをかかえた若者、一見コワモテ風のおじさま、などなど。

あるときは、近隣の老人施設からの相談を受け、高齢の方を受けいれたそうです。最初はことばもなく、排泄もうまくいかなかったようですが、折り紙で鶴が折れたことから、小さい子たちにせがまれて行くたびに鶴を折っていたのだとか。すると、だんだんことばが回復してきて、やがて排泄も自立されたそうです。

私は、むくどりホームの皆さんと共同研究をさせていただいたのですが、1年くらいかけてカンファレンスを積みかさねるなかで、あることに気がつきました。それはこの場が、「その日一日を、その日きた人でていねいにつくりあげる」ということを、20年以上もやってこられたのだ、ということです。[14]

こうした実践は、いま全国にひろがってきていると思います。地域の居場所実践に共通した特徴に、年齢や背景の多様性を重視することがあります。保育は、第三の場所そのものではないと思いますが、サードプレイス性をかなりもっている実践ではないでしょうか。玄関先の立ち話や、保護者との協働場面が多く、親たちも自分を取りもどし、今日生きていることを安心できる配慮が多く試みられていると思います。

保育の場では、それぞれの子どもの発達支援をしているのはまちがいないのですが、上から目線で「ねばならない」ではなく、その子の「いま」を充実させることをとおして、一日一日を「よく生きる」ことを応援しているのが保育だと思います。つまり、保育も居場所も、引き出す領域が大きくなりすぎた社会状況の反作用として、養う領域の新しいかたちを模索している取りくみだと考えることができます。

●新たな三角形の共同創出

保育園や幼稚園は、乳幼児保育の機能を中心におきながら、もしかしたら今後は地域の居場所とも影響を受けあい、統合的に発展していく可能性があるような気がしています。

学校教育では、アクティブラーニング、地域に開かれた教育課程、チーム学校ということもいわれています。学校が変わっていくことは、たしかに必要な局面なのでしょう。しかし、現在につながる学校改革が声高にさけばれるようになったのは、一九八〇年代にまでさかのぼります。もう40年近く改革、改革といっているのに、多くの現場教師の実感は、「忙しくなりすぎて、子どもに向きあえない」ということです。日本の教師はまじめな人が多く、いろんなことを丸がかえしてしまう傾向があります。責任感が強いともいえますが、うまく人を頼れないともいえます。これは個人の資質の問題だけでなく、「学校」というシステムがかかえている弱点でしょう。システムの内側をどんなにいじっても、限界があります。

歴史的に、引き出す領域は新しい「人づくり」の役割として期待を寄せられ、発展してきました。その主たる舞台が「学校」だったわけです。しかし、養う領域が痩せてしまい、引き出す領域とのバランスを失うと、子どもや家庭の「問題」とのいたちごっこがはじまります。そのいたちごっこは、**第6章**で述べた第三の状況で、すでに明らかになっていた現象です。さすがに、「学校」は疲弊してきています。学校教師は、何にも増して、おもしろい授業ができることが生命線です。[15] それは保育と同様に、あるいは地域の居場所とも同様に、いかに「外部」とのかかわりを生成させるかにかかわっています。

「能力を引き出す」という「人づくり」の領域を否定することはできないでしょう。それは、社会の現実として、引き受けざるをえないものです。しかし、引き出す領域が成立するためには、養う領域が一定の厚みをもっている必要があります。それは、ある種の社会的生理です。そのために、現代における「保育」と「居場所」の役割とは、**図2**のDの三角形のすそ野をさらにひろげていくと同時に、学校を下から支える三角形をつくっていくものとしてイメージされます。それが**図3**のEです。

この新しい大きな三角形を、保育の運動と居場所の運動で共同創出していくことが、次の時代の課題なのではないかと、私はいま考えています。そのためには、「信頼の中間共同体」に必要な、具体的な人的、物理的、時間的な環境条件に関する議論が不可欠です。本書は、保育の現代的な役割を明確にするための考え方を整理したにすぎません。保育環境条件に関する議論は、稿をあらためるべく宿題にしたいと思います。

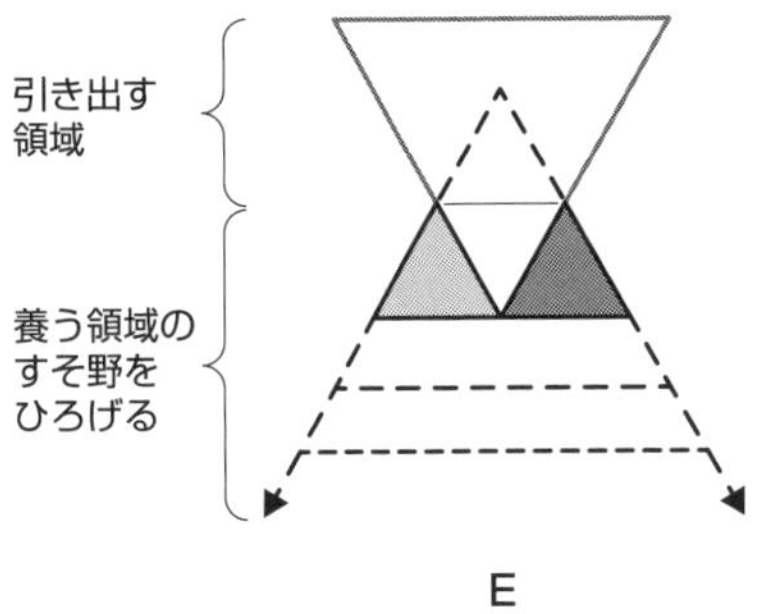

図3　新しい大きな三角形をつくる

あとがき

発達と保育の研究を20年ほどしてきました。はじめは母子関係の枠組みで研究の手ほどきを受けました。しかし、母子関係の歴史的性格を認識するにつれ、これを前提に研究をすることの限界を感じるようになりました。子育ての孤立は、親の苦しみであるだけでなく、子どもの主体性形成にとっても危機となります。集団保育は、現代の親子にとって福音ともなりえます。しかし、保育の場が、子どもをその参加者の一人として迎えいれ、おとなと子どもがともに活動をつくっていくためには、いまだ乗りこえなければならない壁がいくつもあると思います。私は、「保育」と「発達」の結びつき方には歴史性があり、「発達が先で、保育があと」という関係性が、一つの壁になっているとの仮説をいだき、自身のテーマにすえました。

主体性、関係、参加といったキーワードは、ことばだけみると、これまでも各論者がとなえてきたものです。しかし、問題を掘り下げる場所は、各自の研究実践史のなかで足下に見いだすべきものだと思います。本書は、この10年ほど掘り下げてきた内容に、わずかな整理を与えたものです。ゆえに、「はじまり」としました。

●本書の動機

私が自分の課題として、「保育的発達論」のようなものに取りくむ必要を感じるようになった背景には、いく筋もの私的体験の合流があります。まず、もっとも源流にあるのは、生いたちです。「第三の状況」（109頁）の幕あけに生を受けた私は、母親の産休明けから乳児保育を受け、認可外と認可を数園うつりながら、小学生となりました。就学の前年には、少しだけ幼稚園にも通いました。一九七〇年代のはじめ、産休明けでの保育を受けていた子どもの割合は、同学年の0.5％以下と推計されます。その意味で、当時のこの国ではかならずしも「ふつう」ではない乳幼児期をすごした自分には、保育を子どもとしてその内側から生きてきた記憶があり、保育のなかで子どもがどう変わり、育つのかについて考える強い動機があります。

次に、やはり自分の子育て経験の影響が無であるとはいえません。しかし、それはわが子をもつかどうかというよりも、幼子をとおして、さまざまな人や社会のしくみと出会いなおしたことが大きいと思っています。横浜から香川へ、香川から札幌へと、文化も気候帯も異なり、地縁血縁も頼れない土地を渡り歩きながらの子育てであったことが、子どもを介した社会との出会い、つながりということを実感させました。

並行して、初任地の香川大学で与えられた仕事が、保育者養成であったことが、私的体験をより公共的かつ理論的な問題に昇華させました。保育者養成の教壇に立つようになって、心理学的子ども理解の限界を認識するまでに、そう時間はかかりませんでした。かといって、保育の実践家ではない自分が、だれかの事例にたのんで、いかにも〝実践的〟にみえる授業をすることもためらわれました。私が取りくむべきは、保育のなかで子どもが変わっていくことを、どのように理論的に把握できるのかを考えることであり、それは必然的に、出自である発達心理学そのものを批判的に再検証する過程を内包していきました。

これは、ある種の〝父殺し〟の経験であり、それなりにしんどい仕事です。しかし、教育や発達という、研究者自身の人間としての価値観が入りこみやすい領域において、自らの研究が自分の足場を不安定にする過程があることは、研究の道を指ししめす北極星に、たしかに向かっている証だと信じる以外にありません。

●二度目の〈沖縄〉

加えて、沖縄で保育と子育てについて考える機会を得たことがあります。数年前から、先島諸島（多良間島[1]、宮古島、石垣島など）を中心に、当地での保育のなりたちと産育習俗（子守や仮親など）について学んできました。そのなかで、じわりじわりと、自身の保育観や発達観が揺さぶられてきました。

じつは、「沖縄」との出会いは、25年ほど前に一度さかのぼります。大学生のころに、沖縄島を2週間かけて自転車で一周したことがあります。東京の晴海港から、当時の琉球汽船のフェリーに乗って、台風直撃で大荒波の50時間を耐え、青い海に白亜の建物がまぶしい那覇港に着いたときの光景が目に焼きついています。真夏の炎天下、想像以上に勾配の厳しい沖縄島を、鍋釜を積んだキャンピング自転車で走りました。

やんばるの濃い森の道を心細く走っていると、やがてポツリとした集落に入ります。共同売店の前で汗をふいていると、どこからともなく三線の音色がきこえてきました。桃源郷かと錯覚するほど、心地よいのです。しかし、ここは当時からわずか20年ほど前まで米国の統治下にあり、50年ほど前には、郷土の地形を変えるほどの苛烈な地上戦がくりひろげられ、20万人をはるかにこえる人びとが犠牲となった場所です。そしていまも、在日米軍基地の7割が、沖縄に集中しています。桃源郷などというのは文字どおり錯覚であり、内地（沖縄県以外の日本のこと）にルーツをもつ人間の無責任な感傷を露呈しています。

不惑の歳になってふたたび出会った沖縄は、好奇心だけの若者だった自分には気づけなかったことを教えてくれます。3年前に訪れた宮古島・西原のひよどり保育園で、園長の花城千枝子さんから当地に伝わるさまざまな産育習俗を教えてもらいました。たとえば、〝サダイスジャ〟と呼ばれる風習があります。男の子が生まれると、長老格のオジー（高齢男性）が、近所の5歳から11歳くらいの（奇数年齢の）男子を選び、その赤ちゃんの〝兄〟として祝いの席で認めるのだそうです。サダイスジャというのは、その兄役の少年のことです。サダイというのは、〝導く〟とか〝先導する〟という意味とのことで、スジャは〝兄〟です。女の子が生まれると、同じように近所の女子がサダイアニとなります（アニ＝姉）。花城さんによると、兄・姉となった子は、弟・妹（ウットゥ）に自分の知っているあそびなどを全部教えるのだそうです。

この関係性は、親きょうだいとは異なる意味を、子どもに与えます。たとえば、自分がいろいろ教えたウットゥが大きくなったときに、兄・姉役の人は堂々と自慢ができるのだそうです。親子だと、わが子自慢はハナにつくことがありますが、ウットゥを自慢しても角が立たないというのです。現代では、他人が子どもを〝ほめ〟てくれることはあっても、我がことのように〝自慢〟してくれることは少ないかもしれません。サダイスジャの話をうかがって、人間の社会性の重要な一部は、ある人を生かす関係性にはそれぞれ固有の役割がある、ということなのだと気づきました。

●二〇六五年の社会

国立社会保障・人口問題研究所によると、[2] 現在約1億2千万人の日本の総人口は、二〇六五年には8千800万人程度になる可能性があり、総人口に占める0～4歳児の割合は3.2％と推計されています。一九五〇年は13.5％だったので、いかに幼子が〝マイノリティ（少数派）〟になるかが分かります。二〇六五年は、0歳から14歳までふくめても、10％程度になると予想されています。一九五〇年は35.4％もいました。人口の3人に1人が「子ども」であった社会では、年齢別に細かく区切った施設や保育・教育のあり方が必要だったものと思います。

幼稚園も保育所も、人口増加の時代に基本的なしくみを発展させてきたといえます。しかし、その社会条件は、第三の状況には明確にくずれはじめていました。待機児童は一般に都市部の問題にすぎません。[3] 二〇六五年の社会を見通したとき、保育施設の「量」はおそらく本質的な問題ではありません。「保育のかたち」と、その専門性そのものが質的に転換していく必要があるはずなのです。ゆえに、「保育の質」論議も、それが乳幼児期に閉じて議論される限り、展望は見えてこないと感じています。

二〇六五年、私がまだ生きていれば、曾孫がいるかもしれません。その幼子と老人の私は、どのように生活するのが幸福なのでしょうか？ 10％しかいない中学生以下の子どもたちを、いまと同じように年齢別の施設や教室の枠に入れて、それで二二世紀の社会のにない手に育つのでしょうか？ 既存の枠組みを越えた、新しい〝つながり〟を、保育と発達の指標としてさぐっていく時期にきているように思われるのです。

●ニヌファブシ

沖縄の有名な民謡に「てぃんさぐぬ花」があります。琉球弧（奄美諸島から先島諸島にいたる島々の連なり）の短詩形歌謡である琉歌（りゅうか）の原歌を入れてつくられたわらべ歌です。てぃんさぐの花とは、鳳仙花（ほうせんか）のことであり、昔沖縄の女性がその花をつぶして赤い染料にし、爪に塗ったそうです。赤は、おしゃれでもあるし、魔除けの意味があったということです。歌詞の一部を、抜きだしてみます。[4]

てぃんさぐぬ花や　爪先《ちみさち》に染《す》みてぃ　（鳳仙花の花は、爪先に染めつけて）
親《うや》の言《ゆ》し事《くとう》や　肝《ちむ》に染《す》みり　（親の教えは、心の中に染めつけなさい）

天《てぃん》ぬ群星《ぶりぶし》や　読《ゆ》みば読《ゆ》まりしが　（天に群がる無数の星も、読めば読みつくすこともできるが）
親《うや》ぬ言《ゆ》し事《くとう》や　読《ゆ》みやならん　（親の教えの数々は、読みつくすことのできないほど多い）

夜走《ゆるは》らす船《ふに》や　子《に》ぬ方星目《ふぁぶしみ》あてぃ　（夜の海の上を走らせる船は、北極星を目当てにしてすすみ）
我《わ》ん産《な》ちぇる親《うや》や　我《わ》んど目《み》あてぃ　（私を生んでくれた母親は、私だけを目当てに生きている）

「てぃんさぐぬ花」は教訓歌とされていますが、それにしても、生命のリズムによりそうような旋律と、自然と人間が一体になったようなシンプルで想像しやすい詞で、幼いころから子守唄として耳になじみ、いつとも分からぬまま口ずさめるようになっているような歌です。

最後の一対が味わい深いのです。夜航行する船は、子ぬ方星《ニヌファブシ》（北極星）を頼りにしてすすみ、私を生んでくれた親は、私を目当てに生きる、というのです。子への教訓歌であるなら、「子が親を目当てにしてすすめ」であれば分かりますが、ぎゃくなのです。インターネット上では、この下の句の訳を「私を生んだ親が私の目当て（手本）だ」としている例もありました。しかし、沖縄文化史研究で著名な阿波根朝松さんの大著『集成 琉歌新釈』によれば、やはり、「親の目当てが子ども」が正確な解釈です。子が親を手本にせよという〝誤訳〟を導く背景には、おとなと子どもの関係性についての固定的な観念があるように思います。

花城さんらが作成した子育てにまつわる方言集『ニヌファブシ』には、「夜航行する船の目当ては北極星、親のニヌファブシは子どもなり」とあります。ここに、沖縄から学ぶ重要なメッセージがあります。「てぃんさぐぬ花」には、子どもが親のことばを心（肝）に染みこませなさいという句と、親にとって子どもはニヌファブシだという句がともに入ることで、自然のなかで生きる者としての子どもとおとなの相互的・循環的な関係が表現されていると思うのです。だからこそ、世代をこえて沖縄の人びとに愛唱されているのでしょう。

「保育」は、家庭と同じ役割を果たすものではありません。「保育者」は、やはり親とは異なる存在です。しかし、保育を歴史的に学んでいくと、「保育」と「保育者」が、子ども・家族・地域社会のありようと相互的・循環的関係にあり、変容し続けていく文化的いとなみであることを確認します。だから親子にとってかけがえがなく、だから正解がないものなのだと思います。つねに悩みの渦中にある保育と子育てにとって、唯一共通の哲学にできるものが、「ニヌファブシは子ども」ということかもしれません。

本書は、二〇一一年から二〇一五年にかけて、ひとなる書房の『現代と保育』誌において12回にわたって連載した「発達心理学的自由論」を底としています。ちょうど、保育者養成から研究者養成の仕事に移り、悩んでいた時期に定期的な誌面をいただいたことは、大きな心のよりどころでした。本書を編むにあたり、結果的に連載の内容は一部が入るにとどまり、大半を書き下ろすことになりました。そのため、全体のトーンと理論の両面において、かならずしも一貫性があるとはいえません。読者諸賢のご批判をいただきながら、議論すべき価値のある部分を一つでも見つけてくださったなら、大きなよろこびです。

講演や研修、授業の場などにおいて、たくさんのヒントをくださった保育者や学生その他のおとなの皆さん、いつもそう簡単には分からせてくれない子どもたちの生きざまに感謝します。また、個人の研究の発展には、導き手である諸先輩方や研究仲間の誘いが不可欠でした。ひとなる書房の松井玲子さんは、私にとって博士論文をのぞけば最初の単著となる本書がよいものになるように、つねに伴走してくださいました。同社社長の名古屋研一さんは、いつも絶妙のタイミングで激励してくださいました。最後に、日々ともに生活をきりもりするたのしさを教えてくれる家族と両親に、本書の完成を報告し、礼を述べたいと思います。

ニヌファブシは、「子ぬ方星」と書きます。「子」は、十二支の「ねずみ」で、「北」の方角を意味しています。二〇二〇年は、「子」年です。社会のニヌファブシは、子どもたちです。混迷の時代だからこそ、ニヌファブシを子どもたちにしかと定めたいと思います。

二〇一九年六月　沖縄戦終結74年の那覇にて

著　者

注

序章

1 馬飼野陽美（2017）「はじめに」赤木和重・岡村由紀子・金子明子・馬飼野陽美編『どの子にも あ～楽しかった！ の毎日を——発達の視点と保育の手立てをむすぶ』ひとなる書房、3頁

2 森上史郎・柏女霊峰（2015）『保育用語辞典』第８版、ミネルヴァ書房、1頁

3 汐見稔幸・松本園子・髙田文子・矢治夕起・森川敬子（2017）『日本の保育の歴史——子ども観と保育の歴史150年』萌文書林、2頁

4 湯川嘉津美（2016）「保育という語の成立と展開」日本保育学会編『保育学講座１ 保育学とは——問いと成り立ち』東京大学出版会、63頁

5 無藤隆（2009）『幼児教育の原則——保育内容を徹底的に考える』ミネルヴァ書房、1頁

6 辻智子（2019）「『家庭教育』の意味すること——個人／家族／国家の関係を考える」松本伊智朗・湯澤直美編『シリーズ子どもの貧困１ 生まれ、育つ基盤——子どもの貧困と家族・社会』明石書店、237～254頁

7 文部省（1979）『幼稚園教育百年史』ひかりのくに、820～821頁

8 太田素子（2012）「幼稚園論争の回顧と展望」太田素子・浅井幸子編『保育と家庭教育の誕生 1890-1930』藤原書店、29～84頁

9 明治10年代の幼稚園改革の流れのなかで、富裕層のものとなっている幼稚園をひろく大衆に普及させるために、より簡易で財政的な負担の小さい簡易幼稚園が提案された。

10 弟妹の子守りなどで小学校に通えない子どもたちのための学校で、子守りをする子どもたちの教育とともに、隣接する部屋で乳幼児の保育も行った。明治30年代に145か所確認されているのをピークに、以後減っていった（長田三男（1995）『子守学校の実証的研究』早稲田大学出版会）。

11 宍戸健夫（2014）『日本における保育園の誕生——子どもの貧困に挑んだ人びと』新読書社、49～64頁

12 引用は以下に拠った。
松本園子（2017）「貧しい子どもたちの幼稚園」汐見稔幸・松本園子・髙田文子・矢治夕起・森川敬子『日本の保育の歴史』萌文書林、117頁

13 村山祐一（2009）「保育とは何か——そのあり方・到達水準と改善課題を考える」神田英雄・村山祐一編『保育の理論と実践講座１ 保育とは何か——その理論と実践』新日本出版社、21頁

14 宍戸前掲、309頁

15 宍戸前掲、3頁

16 松本園子（2017）「保育運動の誕生」汐見稔幸・松本園子・髙田文子・矢治夕起・森川敬子（2017）『日本の保育の歴史』萌文書林、222頁

17 同前、同所
18 近藤幹生（2014）『保育とは何か』岩波新書、4頁
19 写真１～３の出典は以下より。
北大幼児園（1962）『十年の歩み』北海道大学教育学部
20 北大幼児園前掲、6頁
21 小川博久（2010）『遊び保育論』萌文書林、15～17頁

第1部

1 写真は旭ヶ丘保育園（京都市）提供。

第1章

1 ここでいう「実践概念」とは、科学的・理論的概念と実際の実践とを橋渡しするメゾレベルの（中間的な）ことばの体系を意味している。実践概念は、科学的・理論的概念と実際の実践の双方から影響を受けながら構築・再構築をくり返す動的な体系である。
2 加用美代子（2009～2010）「『一緒に食べる・おいしく食べる・楽しく食べる』を検討する」（連載全５回）『現代と保育』74～78号、ひとなる書房、より。
3 前掲連載、第１回（74号、2009）、155頁
4 前掲連載、第２回（75号、2009）、163頁
5 前掲連載、第１回および第２回
6 前掲連載、第１回、158頁
7 前掲連載、第２回、163頁
8 同前、同所、ただし一部省略している。
9 前掲連載、第１回、158頁、なお、一部修正した。
10 前掲連載、第１回（74号、2009）、160～161頁、なお、一部修正した。
11 前掲連載、第４回（77号、2010）、および第５回（78号、2010）
12 前掲連載、第５回、149頁

第2章

1 なお、近年「（行為）主体性」と訳されることもあるもう一つのヨーロッパ語（英語）に“agency”がある。“agency”は、語源的に「行為する」「作用を与える」という意味をもち、とくに、自由意志や意図によらない行為について使われることが多い。この社会学的概念は、個人の属性（性別やエスニシティや障がいの有無など）や意志が行為と独立して存在していることを否定し、属性や意志は行為を通じてあとから社会的に構成されるということを強調するものである。少なくとも日本の保育実践では、「主体性」をそのような意味では用いておらず、「その子自身のあり方」や「自我発達」

との関係で理解されてきたことから、本書では「主体性」を“agency”ではなく、“subject”の訳語として扱う。なお、“agency”についての説明は、以下に拠った。

大澤真幸・吉見俊哉・鷲田清一編（2012）『現代社会学事典』弘文堂

2 そうなると、主体性はないがしろにされる。主体性が押しつぶされる社会的行動は、心理学では「集合」とか「群衆」と呼び、秩序をもった「集団」とは区別される。集合・群衆は、社会的なパニックやヒステリーの一種であり、破壊的な状況を生みだす社会の不適応状態を意味する。

3 佐藤寛子（2008）「仲間とつむぐ等身大のストーリー――五歳児クラスの『かえるくん劇場』」『現代と保育』72号、ひとなる書房、24頁、写真１～３の出典は同24、26、28頁

4 佐藤前掲、24頁

5 佐藤前掲、25頁

6 佐藤寛子・下田浩太郎・髙田文子・森直人・川田学（2014）「座談会『学び』は共通言語化できるか――その困難と可能性を考える」『現代と保育』90号、ひとなる書房、33～34頁

7 保育実践記録の原文は以下。
下田浩太郎（2012）「秘密基地づくりプロジェクト」全国幼年教育研究協議会・集団づくり部会編『支えあい育ちあう乳幼児期の集団づくり』かもがわ出版、122～130頁

8 佐藤他前掲、34頁

第2部

第3章

1 バーバラ・ロゴフ／當眞千賀子訳（2006）『文化的営みとしての発達』新曜社、206頁

2 ロゴフ前掲、105～111頁

3 有能な乳児論における「おとな中心主義」的なスタンスや、実際の研究上の問題については、次の文献を参照されたい。
加藤義信（2011）「“有能な乳児”という神話――『小さなおとな』発見型研究から『謎としての子ども』研究へ」木下孝司・加用文男・加藤義信編『子どもの心的世界のゆらぎと発達――表象発達をめぐる不思議』ミネルヴァ書房、1～33頁

4 アドルフ・ポルトマン／高木正孝訳（1961）『人間はどこまで動物か――新しい人間像のために』岩波新書

5 竹下秀子（2001）『赤ちゃんの手とまなざし』岩波科学ライブラリー

6 根ヶ山光一（2006）『〈子別れ〉としての子育て』NHKブックス

7 目の前で手を動かしてみるなどして、自分の手を観察する動作。

8 久保田正人（1993）『二歳半という年齢』新曜社、48頁

9 川田学（2011）「他者の食べるレモンはいかにして酸っぱいか？――乳児期における擬

似酸味反応の発達的検討」『発達心理学研究』22、157〜167頁

第4章

1 Fogel, A. (1993) . Developing through relationships : Origins of communication, self, and culture. University of Chicago Press.
2 川田学（2013）「自他関係の発達と離乳食」根ヶ山光一・外山紀子・河原紀子編『子どもと食――食育を超える』東京大学出版会、133〜146頁
3 川田学（2014）『乳児期における自己発達の原基的機制――客体的自己の起源と三項関係の蝶番効果』ナカニシヤ出版、31頁
4 川田（2013）前掲

第3部

第5章

1 客観的にみえる「年齢」の基準も、時代とともに変わってきている。いまは20歳か18歳が「子ども」と「おとな」の制度的な区切りになっているが、かつては10代なかばまでには成人（元服）を迎える地域が多かったといわれる（男女でもちがいがある）。もっとも、時代が下るにつれて「子ども期」が延長された、というほど単純なものではないようだ。太田素子氏によると、近世前期に20歳に元服をした例もあるが、近世後期になると17歳や15歳での元服がみられる。しかしながら、婚姻年齢は延長される傾向もあった。子ども期の短縮と晩婚化が同時進行したことから、子ども期とは区別された「若者」の時期が特別の意味をもちはじめた可能性も指摘されている。
太田素子（2007）『子宝と子返し――近世農村の家族生活と子育て』藤原書店、421〜422頁

2 川田学（2016）「乳幼児期の『教育』と『保育』、そして『発達』をめぐる言葉と実践について」『保育通信』733、4〜9頁
3 E・S・モース／石川欣一訳（1970）『日本その日その日 1』平凡社東洋文庫、11頁
4 ルイス・フロイス／柳谷武夫訳（1970）『日本史４ キリシタン伝来のころ』平凡社東洋文庫、87〜88頁
5 田嶋一（1979）「民衆の子育ての習俗とその思想」『岩波講座 子どもの発達と教育２ 子ども観と発達思想の展開』岩波書店、2頁

6 なお、文化圏としての「日本」を列島において単一のものとみなすことはできないことには注意が必要である。藤本強によれば、通常「日本文化」といわれるのは、大陸からきた水田稲作農耕を暮らしの基礎においた文化であり、九州南部ないし中部から南東北あたりを中心とする「中の文化」である。それとは異なる文化圏として、現在の沖縄地方を中心とした「南の文化」、北東北から北海道地方を中心とした「北の文化」、またそ

れらの境界にある「ボカシの文化」があるとする。また、網野善彦は、フォッサマグナ（中部地方日本海側から関東地方太平洋側にまたがる大地溝帯）を境として、落葉広葉樹林のひろがる列島東部と、照葉樹林のひろがる列島西部では縄文時代を通じて生業形態のちがいがあり、東西の文化の差異を生みだしていると述べている。
藤本強（2009）『日本列島の三つの文化――北の文化・中の文化・南の文化』同成社
網野善彦（2000）『日本の歴史第00巻「日本」とは何か』講談社
7 太田（2007）前掲、420頁
8 柴田純（2013）『日本幼児史――子どもへのまなざし』吉川弘文館
9 柴田前掲、185頁
10 柴田前掲、189頁
11 山住正己（1979）「近世における子ども観と子育て」『岩波講座 子どもの発達と教育２ 子ども観と発達思想の展開』岩波書店、36頁
12 山住正己・中江和江編注（1976）『子育ての書』（全３巻）平凡社東洋文庫
13 山住（1979）前掲、40頁
14 この書物について、前出『子育ての書』第１巻には次の注書きがある。「『東照宮御消息』は、「家康から、二代将軍秀忠（台徳院）の夫人、崇源院にあてた手紙と伝えられているが、家康自身の筆になるかどうかは不明」（69頁）。
15『子育ての書』第１巻71頁の「これを植木にたとえ候えば……」の一節を意訳。
16 太田素子（2004）「〈保育〉という人間形成――人間形成過程論（２）」中内敏夫・小野征夫編『人間形成論の視野』大月書店、29～49頁
17 太田（2004）前掲、33頁
18 太田（2004）前掲、45頁
19 湯川嘉津美（2016）「保育という語の成立と展開」日本保育学会編『保育学講座１ 保育学とは――問いと成り立ち』東京大学出版会、63頁
20 山住（1979）前掲、65～66頁

第6章

1 前田晶子（2010）「子どもの育ちの『不確かさ』と向き合う発達観――日本の発達研究の歴史から」『現代と保育』77号、ひとなる書房、72～77頁
2 田中昌人（1988）「わが国における発達の概念の生成について（一）――江戸時代における成人男子にたいする『發達』の概念の使用と子育てにみられる成長概念の成立」『人間発達研究所紀要』２、2～30頁
3 田中昌人（1996）『発達研究への志』IUP、26頁
4 しかしながら、たとえば戸越保育所と愛育隣保館の保育者たちによる「疎開保育園」の実践など、苛烈な環境下においてなお子どもの命を守ろうとした人びとに、民主的で対等な関係における人間発達への力強い希望をみることができる。こうした実践をとおして生き残ってきた思想が、戦後に引き継がれたのであろう。疎開保育園につい

ては、以下にくわしい。
久保つぎこ（2018）『あの日のオルガン――疎開保育園物語』朝日新聞出版社
5 波多野完治・依田新編（1959）『児童心理学ハンドブック』金子書房
6 勝田守一（1964）『能力と発達と学習――教育学入門』国土社、19～20頁
7 日本国憲法に規定された基本的人権の一つである「教育を受ける権利」（第26条）に対応し、子どもの教育に責任をもつ主体の権限を「教育権」という。教育権が、国家に存するのか（国家の教育権）、国民に存するのか（国民の教育権）については、いわゆる旭川学力テスト事件にかんする最高裁判決（1976年）において、いずれか一方に存するとは認めがたいという折衷説が提出され、通説的判例となっている。
8 高校日本史の教科書に対する文部省（当時）の検定内容に対し、執筆者で東京教育大学（当時）の教授であった家永三郎が日本政府を相手に起こした一連の裁判のこと。この教科書裁判は、1965年の提訴から1997年の結審まで32年間におよんだ。
9 堀尾輝久（1991）『人間形成と教育――発達教育学への道』岩波書店
10 田中昌人氏らによる発達研究と発達保障運動については以下にくわしい。
中村隆一・渡部昭男編（2016）『人間発達研究の創出と展開――田中昌人・田中杉恵の仕事をとおして歴史をつなぐ』群青社
11 文部省（1979）『幼稚園教育百年史』ひかりのくに所収の「第６表 保育所の年齢別入所児童数の年次推移」によると、1960年（昭和35年）の全国での０歳児の入所児数は728人にすぎなかった。これを、厚生労働省（2018）『平成30年度 我が国の人口動態』掲載の1960年出生時数1,606,041人で割ると約0.05％になる。同じ方法で、1970年は0.16％、1975年は0.64％である。
12 詳細は中村・渡部前掲の以下の２論文を参照されたい。
西原睦子・髙田智行「『大津方式』の意義と今日的展開」196～209頁
松原巨子「『発達診断と大津方式』から学ぶ」210～228頁
13 見田宗介（2006）『社会学入門――人間と社会の未来』岩波書店
14 1950年代後半の「白黒テレビ、洗濯機、冷蔵庫」にはじまり、1960年代後半には「カラーテレビ、クーラー、自動車」（新三種の神器）など、家庭生活を便利で豊かにするいわゆる耐久消費財のセットを指す。
15 大阪万博の来場者数は6421万人で、当時の総人口（約１億300万人）の６割以上に相当する数がつめかけた計算になる。総人口が１億2000万人をこえた1985年のつくば万博（科学技術の特別博）は2033万人、2005年の愛知万博は2204万人であるから、大阪万博がいかに“国民総動員”的な時代状況にあったかが分かる。
16 見田は、夢の時代の前半期はモノが豊かになり核家族が形成されていく「あたたかい夢」の時代であるのに対して、後半期は学生運動など「青年の反乱」に象徴される「熱い夢」の時代であると述べている。見田前掲、85頁
17 見田前掲、79頁
18 近藤薫樹（1979）『日本列島の子どもたち――保育の風土記』新日本出版社、144～155

頁
19 近藤前掲、145頁
20 見田前掲、71～72頁
21 ウルリヒ・ベック／東廉・伊藤美登里訳（1998）『危険社会――新しい近代への道』法政大学出版局
22 なお、沖縄については1972年のいわゆる本土復帰まで米軍の統治下にあり、保育所をふくむ児童福祉施策がいちじるしく立ち遅れた。復帰後、沖縄振興開発計画にもとづいて保育所整備がすすみ、1972年から1981年の10年間に94か所から298か所へと３倍以上に増加した。これは同時期の全国の増加率の２倍のスピードであった。ただし、沖縄は米軍統治時代に幼稚園が先行して整備された影響もあり、とくに５歳児の保育所保育の普及は現在もなお課題となっている。以下にくわしい。
神里博武（2014）「沖縄保育の歴史――沖縄における保育問題の形成過程」浅井春夫・吉葉研司編『沖縄の保育・子育て問題――子どものいのちと発達を守るための取り組み』明石書店、187～218頁
23 その学年の全子ども数に対して、幼稚園に在籍している子ども（５歳児）の割合を表したもの。
24 ここでの「共働き世帯」とは、平成29年厚生労働白書の「雇用者の共働き世帯」をさし、夫婦ともに非農林業雇用者の世帯をいう。「片働き世帯」とは、同白書の「男性雇用者と無業の妻からなる世帯」をさし、夫が非農林業雇用者で、妻が非就業者（非労働力人口及び完全失業者）の世帯をいう。
25 データは、全国保育団体連絡会・保育研究所（2018）『保育白書2018年版』ちいさいなかま社、243頁の資料６に拠った。
26 小出まみ（1999）『地域から生まれる支えあいの子育て』ひとなる書房、3頁
27 本結果は、札幌市および北海道と北海道大学大学院教育学研究院「子どもの生活実態調査」研究班（代表・松本伊智朗）との共同調査にもとづく。乳幼児期の調査の概要については、以下で紹介している。
川田学（2019）「子どもの世界の中心としての『遊び』」小西祐馬・川田学編『シリーズ子どもの貧困２　遊び・育ち・経験――子どもの世界を守る』明石書店、15～44頁
28 佐野美津男（1986）「親はどうやって親になるか？」毛利子来編『子どもと大人のほんとうは』晶文社、157～158頁
29 たとえば、ヴィゴツキーによる「最近接発達領域」（発達の最近接領域）という理論では、子どもが自分一人でできる「現在の水準」ではなく、おとなや年長児からの手助けや、他者との協同的活動によって可能になる「明日の水準」を発達しつつある先端部分として重視する。また、白石正久氏によれば、発達というのは、いまの発達の力と「～したい」と子ども自身が思う発達への願いとのあいだの葛藤や矛盾を乗りこえていくことである。それぞれ以下にくわしい。
柴田義松（2006）『ヴィゴツキー入門』寺子屋新書

白石正久（1994）『発達の扉（上）——子どもの発達の道すじ』かもがわ出版

第7章

1 2018年度の労働力調査（総務省）によると、35〜44歳の非正規雇用率は28.8%で、うち男性9.2%、女性52.5%である。なお、同年齢階級の長期時系列データでは、公表されているもっとも古い1988年（2月）の女性の非正規雇用率は47.6%であり、1999年（2月）に50%をこえるようになって以降現在（2019年1〜3月平均）まで50%台で推移しているが、ピークは2008年（1〜3月平均）の56.9%である。したがって、この年代の女性の就労形態の半数が非正規雇用であるというのはかならずしも特定世代に特有というわけではない。一方、同長期時系列データにおいて、男性の非正規雇用率は1988年（2月）の3.0%に対して、2002年（1〜3月平均）に5%をこえ、2013年（1〜3月平均）以降は約9〜10%台を推移している。男性正規職員の給与水準および手取り収入が減りつづけていることも、未婚の大きな要因となるなど、全体としてロスジェネ世代の生活水準を押し下げていると考えられる。

2 阿部彩（2017）「『女性の貧困と子どもの貧困』再考」松本伊智朗編『「子どもの貧困」を問いなおす——家族・ジェンダーの視点から』法律文化社、57〜75頁

3 データは、全国保育団体連絡会・保育研究所（2018）『保育白書2018年版』ちいさいなかま社、243頁の資料6に拠った。ただし、2018年については、保育所は『福祉行政報告例』、幼稚園および幼保連携型認定こども園については『学校基本調査』に拠った。2011年が大きく落ちこんでいるのは、東日本大震災の影響で宮城県と福島県の一部の自治体が対象から除外されたことによる。

4 同答申、第1章第4節。

5 保育制度改革とその現状については、以下にくわしい。
近藤幹生（2014）『保育とは何か』岩波新書
近藤幹生（2018）『保育の自由』岩波新書

6 垣内国光編著（2011）『保育に生きる人びと——調査に見る保育者の実態と専門性』ひとなる書房
ベネッセ教育総合研究所（2012）『第2回 幼児教育・保育についての基本調査報告書』

7 仙田満（1992）『子どもとあそび——環境建築家の眼』岩波新書、150頁

8 仙田満（2006）『環境デザイン講義』彰国社、110頁

9 三上和夫（2004）「教育経済の成り立ち——1980〜90年代の教育社会—人間形成の計画・組織論」中内敏夫・小野征夫編『人間形成論の視野』大月書店、50〜94頁

10 阿部彩（2014）『子どもの貧困Ⅱ——解決策を考える』岩波新書

11 児美川孝一郎（2002）「抗いがたき磁場としての新自由主義教育改革」『現代思想』30(5)、青土社、176頁

12 英国のピーター・モスを中心とする各国のリーダー的な幼児教育研究者たちは、教育経済学的な観点から幼児教育政策を推しすすめてきたOECD（経済協力開発機構）が、

「児童心理学」(child psychology) と「経済学」(economics) の専門家としか仕事をしていないことを痛烈に批判し、世界にはより多様で豊かな価値観が存在することを認めたところから議論をしなおそうと訴えている。

Moss, P., Dahlberg, G., Grieshaber, S., Mantovani, S., May, H., Pence, A., Rayna, S., Swadener, B., & Vandenbroeck, M. (2016). The Organisation for Economic Co-operation and Development's International Early Learning Study: Opening for debate and contestation. Contemporary Issues in Early Childhood, 17 (3), pp.343-351

13 児美川前掲、176～177頁

14 松本伊智朗(2019)「なぜ、どのように、子どもの貧困を問題にするのか」松本伊智朗・湯澤直美編『シリーズ子どもの貧困1 生まれ、育つ基盤——子どもの貧困と家族・社会』明石書店、19～62頁

15 池本美香(2011)「経済成長戦略として注目される幼児教育・保育政策——諸外国の動向を中心に」『教育社会学研究』88、27～45頁

16 三浦まり編(2018)『社会への投資——〈個人〉を支える〈つながり〉を築く』岩波書店

17 宮﨑隆志(2018)「協働に基づくケア・コミュニティの意義——排除型自己形成を超えるために」『臨床教育学研究』6、20～34頁

第4部

第8章

1 久保田正人(1993)『二歳半という年齢——認知・社会性・ことばの発達』新曜社、ⅰ～ⅱ頁

2 Carr,M., & Lee,W. (2012). Learning Stories : Constructing Learner Identities in Early Education. London : Sage. pp.47-48

3 ニュージーランド教育省発行のTeWhāliki(テ・ファーリキ)2017年版、13～15頁より。乳児(infants)を「誕生から1歳半まで」、トドラー(toddlers)を「1歳から3歳まで」、幼児(young children)を「2歳半から就学まで」とし、年齢範囲は「互いにかさなりあっている」と説明されている。

4 大宮勇雄(2010)『学びの物語の保育実践』ひとなる書房、17～56頁

5「幼稚園を活用した子育て支援としての2歳児の受入れに係る留意点について」2007(平成19)年3月31日、文部科学省

6 なお、政府は「子育て安心プラン」による待機児童対策として、2018年度と2019年度の2か年計画で幼稚園における2歳児の受けいれ(「幼稚園接続保育」等)推進を予算化した。

『文部科学省広報』2017年10月号(No.215)、14～16頁

7 ビアンカ・ザゾ／久保田正人・高橋洋代・足立自朗訳（1989）『２歳児の幼稚園教育は是か非か』大月書店（原著は1984年刊）

8 なお、フランスの場合は教育・福祉政策が政権に左右される傾向にあり、保育学校における２歳児の受けいれ状況は政権ごとに大きく変動している。以下にくわしい。
赤星まゆみ（2012）「フランスの保育学校をめぐる最近の論争点――早期就学の効果」『保育学研究』50、128～140頁

9 Meltzoff, A. N., Gopnik, A., & Repacholi, B. M. (1999). Toddlers' understanding of intentions, desires, and emotions: Explorations of dark ages. In P. D. Zelazo, J. W. Astington & D. R. Olson (Eds.) Developing theories of intention: Social understanding and self-control (pp. 17-41). Mahwah, NJ: Lawrence Erlbaum Associates

10 バーバラ・ロゴフ／當眞千賀子訳（2006）『文化的営みとしての発達――個人・世代・コミュニティ』新曜社、216～217頁

11 小山みずえ（2012）『日本近代幼稚園教育実践史の研究』学術出版会

12 小山前掲、46頁

13 小山前掲、69～86頁

14 大泉溥編・解説（2009～2011）『日本の子ども研究』全15巻・別巻５巻、クレス出版

15 上野陽一（うえの よういち、1883～1957年）は、東京帝国大学文科大学哲学科心理学専修を卒業した心理学者。専門は産業心理学。倉橋惣三と同期。後に産業能率大学となる日本産業能率研究所を設立した。

16 上野陽一（1921）『児童心理学精議』中文館

17 いずれも上野前掲、597頁

18 上野前掲、603頁

19 山下俊郎（やました としお、1903～1982年）は、東京帝国大学文学部心理学科を卒業した心理学者。専門は幼児心理学。城戸幡太郎らによる保育問題研究会の結成に参加。愛育研究所などをへて、戦後は東京都立大学教授などを歴任した。

20 山下俊郎（1937）『幼児心理学』巌松堂書店、231～232頁

21 辻智子（2019）「『家庭教育』の意味すること――個人／家族／国家の関係を考える」松本伊智朗・湯澤直美編『シリーズ子どもの貧困１ 生まれ、育つ基盤――子どもの貧困と家族・社会』明石書店、237～254頁

22 村田孝次（1992）『発達心理学史』培風館、2頁

第9章

1 バーバラ・ロゴフ／當眞千賀子訳（2006）『文化的営みとしての発達』新曜社、162頁

2 ロゴフ前掲、212～214頁

3 ロゴフ前掲、193～217頁

第10章

1 バーバラ・ロゴフ／當眞千賀子訳（2006）『文化的営みとしての発達』新曜社、214～215頁
2 数値は、各年度の厚生労働省報道発表資料（保育所等関連状況とりまとめ）に依拠する。2006年度のみ、全国保育団体連絡会・保育研究所（2007）『保育白書2007年版』ちいさいなかま社に拠った。
3 西川由紀子（2017）「保育園における『かみつき』と保育制度の変化との関連――21年間の保育実践報告の分析から」『心理科学』38、40～50頁
4 西川前掲をもとに作成。

第5部

1 写真はやまなみこども園（熊本市）提供。

第11章

1 大宮勇雄（2010）『学びの物語の保育実践』ひとなる書房、37頁
2 翻訳書には佐藤学他訳（2001）『子どもたちの100の言葉――レッジョ・エミリアの幼児教育』世織書房がある。引用部分の佐藤他訳は136頁。原著は以下。
Edwards, C., Gandini, L., & Forman, G. (Eds.) (1998). The Hundred Languages of Children : Reggio Emilia Approach. Italy: Reggio Emilia
3 近藤幹生（2000）『人がすき 村がすき 保育がすき』ひとなる書房、38～39頁
4 渋谷区立笹幡保育室の2018年５月の実践記録より。
5 津守真（1997）『保育者の地平――私的体験から普遍に向けて』ミネルヴァ書房、203～204頁

第12章

1 吉川和幸（2014）「私立幼稚園に在籍する特別な支援を要する幼児の個別の指導計画に記述される『目標』に関する研究」『北海道大学大学院教育学研究院紀要』120、23～43頁
2 松井剛太（2013）「保育本来の遊びが障害のある子どもにもたらす意義――『障害特性論に基づく遊び』の批判的検討から」『保育学研究』51、295～306頁
3 松井前掲、13頁
4 松井前掲、同所
5 松井前掲の図１、２をもとに、川田が一部修正して作成。
6 赤木和重（2017）『アメリカの教室に入ってみた――貧困地区の公立学校から超インクルーシブ教育まで』ひとなる書房、192頁
7 赤木前掲、192～193頁

8 赤木前掲、195頁の図をもとに川田が一部修正して作成。

第13章

1 近藤幹生（2000）『人がすき 村がすき 保育がすき』ひとなる書房、13〜14頁
2 写真１、２の出典は近藤前掲、20、21頁（撮影：川内松男）
3 近藤前掲、14〜15頁
4 近藤前掲、5頁
5 塩崎美穂（2017）「『災害への備え』とは何か——災害に対応できる公的保育の構築に向けて」大宮勇雄・川田学・近藤幹生・島本一男編『どう変わる？ 何が課題？ 現場の視点で新要領・指針を考えあう』ひとなる書房、137頁
6 現行の最低基準では、保育所の場合、０歳児１：３、１・２歳児１：６、３歳児１：20、４・５歳児１：30である。幼稚園の場合、学級という概念であるが、３歳児から５歳児まで、１：35である。なお、自治体や各園の裁量により、最低基準よりも高い水準での職員配置を採用していることもある。それでもなお、日本の職員配置基準は先進国中とびぬけて低水準である（とりわけ、３歳児以上は“劣悪”といえる水準）。
7 塩崎前掲、138〜139頁
8 写真はさくらんぼ保育園（熊本市）提供。
9 社会的共通資本とは、「一つの国ないし特定の地域に住むすべての人々が、ゆたかな経済生活を営み、すぐれた文化を展開し、人間的に魅力ある社会を持続的、安定的に維持することを可能にするような社会的装置を意味する。／社会的共通資本は自然環境、社会的インフラストラクチャー、制度資本の三つの大きな範疇にわけて考えることができる。大気、森林、河川、水、土壌などの自然環境、道路、交通機関、上下水道、電力・ガスなどの社会的インフラストラクチャー、そして教育、医療、司法、金融制度などの制度資本が社会的共通資本の重要な構成要素である」。
宇沢弘文（2000）『社会的共通資本』岩波新書、ⅱ頁

第14章

1 山岸俊夫（1998）『信頼の構造——こころと社会の進化ゲーム』東京大学出版会
2 具体的には、たとえば「ほとんどの人は基本的に正直である」「ほとんどの人は信頼できる」「ほとんどの人は基本的に善良で親切である」「ほとんどの人は他人を信頼している」「私は、人を信頼するほうである」「たいていの人は、人から信頼された場合、同じようにその相手を信頼する」といった質問項目で測定される。なお、山岸らはこれらの質問項目（信頼感尺度）の妥当性を行動実験との関係でも確証している。
3 山岸前掲、195頁
4 山岸前掲、201〜202頁
5 統計数理研究所「日本人の国民性調査」https://www.ism.ac.jp/kokuminsei/index.html

6 加藤繁美・秋山麻実・茨城大学教育学部附属幼稚園（2005）『５歳児の協同的学びと対話的保育』ひとなる書房、21頁

7 加藤他前掲、21頁

8 中内敏夫（1998）「中内敏夫最終講義」中内敏夫・関啓子・太田素子編『人間形成の全体史――比較発達社会史への道』大月書店、21～50頁

9 平岡さつき・中内敏夫（2004）「〈教育〉という人間形成――人間形成過程論（１）」中内敏夫・小野征夫編『人間形成論の視野』大月書店、22頁

10 平岡・中内前掲、23頁

11 白水浩信（2011）「教育・福祉・統治性――能力言説から養生へ」『教育学研究』78、162～173頁

12 白水前掲、168頁

13 大谷尚子（2008）『養護教諭のための養護学・序説』ジャパンマシニスト社

14 この共同研究の成果は、以下にまとめられている。
川田学編（2017）『未完のムクドリ――多世代多様な場で起きていること』（『子ども発達臨床研究』第10号（特別号））北海道大学・子ども発達臨床研究センター発行
北海道大学図書館HPにて一部公開：https://eprints.lib.hokudai.ac.jp/dspace/handle/2115/64970

15 石川晋（2019）「やはり、授業がプレイフルであること」小西祐馬・川田学編『シリーズ子どもの貧困２　遊び・育ち・経験――子どもの世界を守る』明石書店、175～202頁

あとがき

1 多良間島での保育と子育てに関する調査研究は、以下の文献などで公表している。
川田学（2019）「保育所の設立と守姉」根ヶ山光一・外山紀子・宮内洋編『共有する子育て――沖縄多良間島のアロマザリングに学ぶ』金子書房、48～62頁

2 同研究所の2019年公表データによる。

3 なお、沖縄には米軍統治時代の保育所整備の遅れという歴史的・構造的問題ある。
浅井春夫・吉葉研司編（2014）『沖縄の保育・子育て問題』明石書店

4 ウチナーグチ（沖縄のことば）による歌詞は、藤田正編（1998）『ウチナーのうた』音楽之友社より引用。（　）内の共通語での大意は、阿波根朝松（1976）『集成 琉歌新釈』沖縄タイムス社より引用。

● 著者
川田 学（かわた まなぶ）
1973年東京都生まれ。北海道大学大学院 教育学研究院 附属子ども発達臨床研究センター・准教授。博士（心理学）。東京都立大学大学院人文科学研究科心理学専攻・博士課程単位取得満期退学。香川大学教育学部・講師、同・准教授をへて2010年より現職。専門は発達心理学、保育研究。近年は、沖縄地方や瀬戸内地方など各地の保育現場をまわり、保育と地域との関係史を学んでいる。札幌のNPO法人子育て応援かざぐるま・理事として支援者や保護者との学びの場を企画・運営。本書で第52回日本保育学会保育学文献賞を受賞。

おもな著書

『子どもの世界を守る——遊び・育ち・経験』（共編、明石書店、2019年）
『保育者論』（共著、ミネルヴァ書房、2019年）
『共有する子育て——沖縄多良間島のアロマザリングに学ぶ』（共著、金子書房、2019年）
『どう変わる？ 何が課題？ 現場の視点で新要領・指針を考えあう』
（共編、ひとなる書房、2017年）
『乳児期における自己発達の原基的機制』（単著、ナカニシヤ出版、2014年）
『子どもと食——食育を越えて』（共著、東京大学出版会、2013年）
『０１２３発達と保育』（共著、ミネルヴァ書房、2012年）
『保育の質を考える——安心して子どもを預けられる保育所の実現に向けて』
（共著、明石書店、2021年）
『日本の子ども研究——復刻版解題と原著論文』（共著、クレス出版、2021年）
『学び手はいかにアイデンティティを構築していくか
——保幼小におけるアセスメント実践「学びの物語」』（共訳、ひとなる書房、2020年）
『新・育ちあう乳幼児心理学——保育実践とともに未来へ』（共編、有斐閣、2019年）

● 装幀・装画・本文内イラスト　山田道弘

保育的発達論のはじまり——個人を尊重しつつ、「つながり」を育むいとなみへ

2019年８月20日　初版発行
2022年６月30日　三刷発行

著　者　川田　学
発行者　名古屋 研一

発行所　㈱ひとなる書房
東京都文京区本郷2-17-13
TEL 03（3811）1372
FAX 03（3811）1383
Email：hitonaru@alles.or.jp